200
cócteles

200
cócteles

BLUME

BLUME

Título original:
200 Cocktails

Traducción:
Eva María Cantenys Félez

Revisión técnica de la edición en lengua española:
Eneida García Odriozola
Cocinera profesional
(Centro de formación de cocineros y pasteleros de Barcelona Bell Art).
Especialista en temas culinarios

Coordinación de la edición en lengua española:
Cristina Rodríguez Fischer

Primera edición en lengua española 2010
Reimpresión 2011

© 2010 Naturart, S.A. Editado por BLUME
Av. Mare de Déu de Lorda, 20
08034 Barcelona
Tel. 93 205 40 00 Fax 93 205 14 41
e-mail: info@blume.net
© 2008 Octopus Publishing Group, Londres

I.S.B.N.: 978-84-8076-901-3
Depósito legal: B. 804-2011
Impreso en Tallers Gràfics Soler, S.A.,
Esplugues de Llobregat (Barcelona)

WWW.BLUME.NET

En las recetas que se presentan en este libro se utilizan medidas
de cuchara estándar. Una cucharada sopera equivale a 15 ml;
una cucharada de café equivale a 5 ml.

Las autoridades sanitarias aconsejan no consumir huevos crudos. Este libro
incluye algunas recetas en las que se utilizan huevos crudos o poco cocinados.
Resulta recomendable y prudente que las personas vulnerables, tales como
mujeres embarazadas, madres en período de lactancia, minusválidos, ancianos,
bebés y niños en edad preescolar eviten el consumo de los platos preparados
con huevos crudos o poco cocinados. Una vez preparados, estos platos
deben mantenerse refrigerados y consumirse rápidamente.

Este libro incluye recetas preparadas con frutos secos y derivados de los
mismos. Es aconsejable que las personas que son propensas a sufrir
reacciones alérgicas por el consumo de los frutos secos y sus derivados,
o bien las personas más vulnerables (como las que se indican en el párrafo
anterior), eviten los platos preparados con estos productos. Compruebe
también las etiquetas de los productos que adquiera para preparar los alimentos.

Las autoridades sanitarias recomiendan a los hombres no ingerir de forma
habitual más de 3 a 4 unidades de alcohol al día, y a las mujeres, más
de 2 a 3 diarias. Una unidad equivale a 10 ml de alcohol puro (25 ml de bebida
alcohólica). Las personas que regularmente consuman más de estas cantidades
corren un riesgo significativo de enfermedad y muerte a causa de numerosas
enfermedades y afecciones. Además, las mujeres embarazadas o que desean
estarlo deben evitar el consumo de alcohol.

Este libro se ha impreso sobre papel manufacturado con materia prima procedente
de bosques sostenibles. En la producción de nuestros libros procuramos, con
el máximo empeño, cumplir con los requisitos medioambientales que promueven
la conservación y el uso sostenible de los bosques, en especial de los bosques
primarios. Asimismo, en nuestra preocupación por el planeta, intentamos emplear
al máximo materiales reciclados, y solicitamos a nuestros proveedores que usen
materiales de manufactura cuya fabricación esté libre de cloro elemental (ECF)
o de metales pesados, entre otros.

contenido

introducción

¿qué es un cóctel?

La palabra cóctel evoca todo tipo de imágenes, en general asociadas con celebraciones, fiestas y diversión. Un cóctel es, de hecho, una bebida mezclada con base alcohólica (normalmente ginebra, vodka, whisky, ron o tequila) que se combina con tónica, zumo u otra bebida sin alcohol. A menudo se añade un tercer ingrediente, un aromatizante que complemente al licor y aporte un sabor distintivo. Este tercer ingrediente puede ser desde un terrón de azúcar hasta unas gotas de Angostura amarga.

orígenes humildes

Existen diversas teorías sobre el origen del cóctel. Se afirma que el nombre se adaptó de la palabra francesa *coquetier*, que significa «huevera», ya que fue en un recipiente de este tipo donde se sirvió originalmente el primer cóctel, el Sazerac. También se dice que este término proviene de una posada de Nueva York, donde la hija del dueño preparó una bebida para su prometido, que regresaba de una expedición marítima. El pretendiente trajo consigo un gallo de pelea y la hija del posadero utilizó las plumas de la cola del gallo para decorar la bebida. (El vocablo inglés *cocktail* significa «cola de gallo»; *cóctel* es la adaptación al español del término.) Pero muchos creen que el cóctel nació en Estados Unidos en la década de 1920, durante la época de la Ley Seca. La prohibición de beber alcohol obligó a la gente a buscar formas de otorgar sabor a la infame ginebra casera y a otros aguardientes clandestinos.

elección de las copas

Hay infinidad de cócteles, pero todos pertenecen a una de estas tres categorías: largo, corto o chupito. Los cócteles largos contienen más ingredientes sin alcohol que de licor y a menudo se sirven con hielo y una caña. Los términos «solo sin hielo» y «con hielo» son expresiones que se refieren a los cócteles cortos, que contienen más alcohol y que suelen combinarse con un solo ingrediente sin alcohol, en caso de que incluya alguno. Y el chupito: estos cócteles en miniatura se componen de licores y aguardientes, y están pensados para proporcionar un trago contundente de alcohol. Las copas y los vasos de cóctel están diseñados para el tipo de bebida que van a contener.

copa de flauta

Se utiliza para servir champán o cava, o cócteles de champán o cava. La boca estrecha de esta copa conserva la burbujas durante más tiempo.

copa de cáliz ancho

Estas copas de estilo anticuado no resultan muy prácticas para servir champán o cava, porque su boca ancha hace que las burbujas desaparezcan más rápidamente.

vaso de vino

La sangría (*véase* pag. 96) se sirve a menudo en vasos de vino, pero este tipo de vaso no se utiliza normamente para servir cócteles.

copa de cóctel

La copa de cóctel, también conocida como copa Martini, está diseñada para que no se caliente cuando se sostiene en la mano, pues el cóctel se sirve muy frío.

copa Margarita o coupette

Cuando este tipo de copa se utiliza para servir un Margarita, el borde de la copa se escarcha con sal. Estas copas se emplean para servir daiquiris y otros cócteles con base de frutas.

vaso alto

El vaso alto es apropiado para un cóctel largo, desde el Cuba Libre (*véase* pág. 78) hasta el Long Island Iced Tea (*véase* pág. 92)

vaso bajo

El vaso bajo es perfecto para servir bebidas con hielo o sin hielo. También es apropiado para cócteles preparados con ingredientes majados.

vaso de chupito

Hay vasos de chupito en dos medidas: simple y doble. Son ideales para servir un trago, que puede ir desde un Tequila Shot (*véase* pág. 230) hasta un B-52, un cóctel en capas más decadente (*véase* pág. 224).

copa balón

Este tipo de copa se utiliza normalmente para servir licores y aguardientes finos, cuyo aroma es tan importante como su sabor. La copa se puede calentar con el fin de que se desprendan sus aromas.

copa hurricane

Este tipo de copa se encuentra sobre todo en los bares de las playas, donde se utiliza para servir cócteles cremosos con ron.

vaso Boston

Este vaso suelen utilizarlo los barmans para mezclar cócteles. También es apropiado para servir cócteles de frutas.

vaso de ponche

El vaso de ponche se usa normalmente para servir bebidas calientes, como el café irlandés.

montar su propio bar de cócteles

utensilios útiles

Hay varios utensilios de bar que vale la pena adquirir si planea preparar cócteles.

coctelera

La coctelera americana, también conocida como coctelera Boston, es la opción más sencilla, pero debe utilizarse con un colador de cóctel. Como alternativa elija una coctelera con colador incorporado.

vaso mezclador

El vaso mezclador se utiliza para preparar cócteles que sólo es necesario remover suavemente antes de verterlos en las copas o de colarlos.

licuadora

Muy útil para preparar cócteles y smoothies helados.

colador de cóctel

Este tipo de colador, conocido también como colador Hawthorne, se utiliza a menudo junto con la coctelera americana o Boston, aunque un colador de té también puede servir.

mano de mortero

La mano de mortero se usa para majar frutas o hierbas en un vaso o una coctelera para preparar cócteles como el Mojito (*véase* pág. 76).

cuchara de bar

Similar a una cucharilla, pero con el mango largo, se utiliza para remover, colocar en capas y majar los ingredientes de un cóctel.

vaso medidor

Existen vasos medidores de medida simple y doble, y son esenciales cuando se mezclan ingredientes con el fin de que las proporciones sean siempre las mismas. Una medida simple tiene 25 ml de volumen.

abrebotellas

Algunos abrebotellas tienen dos accesorios: un abridor para abrir botellas con tapón de metal y un sacacorchos para destapar botellas de vino.

dosificador

Los dosificadores se acoplan en el gollete de las botellas de licor para controlar la cantidad de licor que se sirve.

licores y aguardientes

Cada licor o aguardiente tiene una afinidad natural con determinados aromas, y a partir de estas relaciones complementarias surgen los cócteles.

brandy

Gran parte del brandy se destila de las uvas, pero existen algunas variedades de brandy que se destilan de otras frutas. Combine el brandy con fruta y zumos de fruta, pero no utilice brandys finos para preparar cócteles.

ginebra

La ginebra es un aguardiente de grano incoloro, macerado con bayas de enebro, que se elaboró por primera vez en Holanda hace más de 400 años. Combínela con frutas cítricas, bayas frescas y tónica.

ron

Este destilado caribeño, que se remonta al siglo XVII, se elabora con la caña de azúcar que queda tras la elaboración del azúcar. Combine el ron con frutas exóticas, nata y cola.

tequila

El aguardiente más famoso de México se elabora con el agave azul, y sus orígenes se remontan a los aztecas. Tradicionalmente se sirve solo, como Tequila Slammer (*véase* pág. 216), pero también combina muy bien con cítricos y frutas agrias, además de con jengibre y tomate.

vodka

El vodka se destila del grano y es un aguardiente carente de sabor. Hay un encarnizado debate sobre su origen, y tanto ambos polos como Rusia reclaman la invención de este destilado. Gracias a su carácter neutro se puede combinar con una infinidad de sabores diferentes. Combínelo con jugo de arándanos rojos, tomate o zumos de frutas cítricas, o para preparar un cóctel clásico combínelo simplemente con agua tónica.

whisky

Los orígenes del whisky son objeto de un acalorado debate, ya que tanto Escocia como Irlanda reclaman su invención. Los whiskys actuales tienen un sabor y una textura más suave. Existen dos tipos principales: el whisky de mezcla y el puro. Sírvalo con agua, agua de soda, cola o ginger ale.

sirope de azúcar

El sirope de azúcar se utiliza como endulzante en infinidad de cócteles. Se mezcla con las bebidas frías más rápidamente que el azúcar y otorga cuerpo al cóctel. Puede comprar sirope de azúcar ya preparado en botellas, aunque es muy fácil de hacer en casa. En un cazo pequeño, lleve a ebullición la misma cantidad de azúcar blanquilla que de agua, sin parar de remover, y a continuación deje cocer durante 1-2 minutos sin remover. Si guarda el sirope de azúcar en una botella esterilizada en el frigorífico, se conservará hasta un máximo de 2 meses.

perfeccionar su técnica

Con sólo unas técnicas básicas aprenderá todo lo
que necesita saber sobre la preparación de cócteles.
Siga las instrucciones paso a paso para perfeccionar
su técnica y preparar cócteles perfectos.

batir

Los cócteles y los smoothies helados se baten con
hielo en una licuadora hasta que adquieren una
consistencia homogénea. Un Daiquiri o un Margarita
helado se preparan a partir de la misma receta con
que se elaboran las versiones normales, pero se añade
una pala de hielo picado al resto de los ingredientes
y se bate todo junto en la licuadora a máxima potencia.
No añada mucho hielo a la receta, pues diluiría el
cóctel. Es preferible ir añadiendo pequeñas cantidades
de hielo a la mezcla mientras la bate.

majar

El majado es una técnica empleada para acentuar los
aromas y sabores de hierbas y frutas que se realiza
con la mano de mortero. El cóctel con ingredientes
majados más conocido es el Mojito (*véase* pág. 76).
1 Ponga unas hojas de menta en un vaso alto, y añada
un poco de sirope de azúcar y unos cuartos de lima.
2 Sostenga firmemente el vaso y con la mano
de mortero maje los ingredientes. Aplástelos
y macháquelos para que desprendan sus aromas.
3 Continúe majando durante unos 30 segundos
más y a continuación llene el vaso con hielo picado
y añada el resto de los ingredientes.

agitar

Es la técnica de coctelería más conocida y utilizada
para preparar cócteles. En la coctelera se agitan los
ingredientes para mezclarlos y enfriarlos rápidamente
antes de servirlos.
1 Llene una coctelera hasta la mitad con cubitos
de hielo o con hielo picado.
2 Si en la receta se indica que el cóctel debe servirse
en copas o vasos enfriados, ponga unos cuantos
cubitos de hielo y un poco de agua fría en la copa
o el vaso, remuévalo y después deseche el hielo
y el agua.
3 Añada los ingredientes de la receta en la coctelera
y agite hasta que se forme escarcha en el exterior
de la coctelera. Utilice ambas manos para agitar
la coctelera y evitar que se le escurra de las manos.
4 Cuele el cóctel en la copa o el vaso y sirva.

cócteles en capas

Los licores se pueden servir vertiéndolos unos sobre otros formando capas; dado que algunos licores son más ligeros que otros, flotarán en la parte superior del cóctel.

1 Vierta el primer ingrediente en una copa o un vaso, teniendo cuidado de no manchar las paredes.

2 Coloque una cuchara de bar en el centro de la copa o del vaso con la parte redondeada (cóncava) hacia abajo y situada de cara a usted. Apoye la cuchara contra el lado de la copa o el vaso y vierta el segundo ingrediente, que se deslizará cuchara abajo. Flotará encima del primer líquido, formando una capa separada.

3 Repita el mismo proceso con el tercer ingrediente y después retire la cuchara con cuidado.

montar el cóctel

Es una técnica sencilla que consiste en incorporar los ingredientes en el orden correcto.

1 Tenga todos los ingredientes del cóctel a mano. Enfríe la copa y el vaso si así se indica en la receta.

2 Ponga cada uno de los ingredientes en el orden y la medida indicada en la receta.

remover

Un cóctel se prepara removiéndolo cuando los ingredientes deben mezclarse y enfriarse, pero es importante que el cóctel conserve su transparencia. Ello asegura que no queden fragmentos de hielo o burbujas de aire en la bebida. Algunos cócteles removidos necesitan que sus ingredientes se preparen en un vaso mezclador y se cuelen con un colador fino en una copa o un vaso para servir.

1 Ponga los ingredientes en una copa o un vaso en el orden que se indica en la receta.

2 Utilice una cuchara de bar para remover el cóctel, ligera o vigorosamente, según se indique en la receta.

3 Dé el toque final al cóctel decorándolo y sírvalo.

el doble colado

Para evitar que en la copa o el vaso del cóctel haya restos de puré de frutas o fragmentos de hielo, haga un doble colado utilizando una coctelera con colador incorporado conjuntamente con un colador de cóctel. Como alternativa puede colar el cóctel con un colador fino.

toques finales

Algunos cócteles se decoran por el gusto de decorarlos, pero en el caso de otros la decoración es una parte vital del sabor: la aceituna verde en un Dry Martini, por ejemplo. Las decoraciones van desde una simple corteza de limón hasta varias frutas insertadas formando un complicado diseño en un palillo de cóctel. Las posibilidades son casi infinitas, e incluyen desde ramitas de apio, rodajas de pepino, pimienta partida y tomates cherry hasta gambas e incluso huevos de codorniz.

cuartos

Las frutas cítricas se pueden cortar a cuartos. El cuarto se exprime en el cóctel y luego puede ponerlo dentro de la copa o del vaso o servirlo colocado en el borde. Haga un corte en el cuarto del cítrico para insertarlo en el borde de la copa o del vaso.

rodajas

Las frutas redondas, como el kiwi, la lima, el limón, la naranja y la manzana, se pueden cortar a rodajas. La rodaja se puede poner en el borde de la copa o del vaso o bien en la superficie de la bebida, de modo que flote en el líquido. Utilice su imaginación e inspírese en los sabores del cóctel.

cortezas

Las cortezas de los cítricos no son sólo decorativas, sino que además confieren aroma al cóctel. Monde una tira de corteza de una fruta cítrica y quítele la parte blanca. Estruje la corteza sobre la superficie de la bebida para que desprenda sus aceites esenciales y después póngala dentro de la copa o del vaso. Si flambea la corteza antes de estrujarla, desprenderá aún más aromas.

espirales

Las espirales de cítricos tienen un aspecto fantástico cuando cuelgan del borde de la copa o se introducen dentro del cóctel. Con un acanalador monde una tira larga y delgada de la cáscara de la fruta y enrósquela alrededor de un objeto cilíndrico, como una cuchara de bar, una pajita o una varilla de cóctel para crear una espiral. Sujétela así durante unos segundos para que adquiera forma de espiral.

banderillas de frutas

Las banderillas mini se pueden colocar encima de una bebida o ponerlas dentro de la copa o del vaso.

Pruebe una combinación de bayas insertadas en el palillo en orden descendente de tamaño, como por ejemplo: una fresa, una mora, una frambuesa y un arándano. También puede combinar frutas de colores que armonicen. Otra opción es utilizar frutas que aporten aroma y sabor al cóctel.

hierbas

Las ramitas de hierbas son decoraciones atractivas y fragantes. Se pueden usar para decorar la copa o el vaso o como ingrediente del cóctel, como en el Julepe de menta Virginia (*véase* pág. 88).

decoraciones de fantasía

Hay una serie de decoraciones de fantasía clásicas que hoy siguen siendo populares, especialmente para bebidas que se van a servir en una fiesta temática. Sombrillitas de papel, monitos de plástico e incluso bengalas son sólo algunas de las muchas opciones que existen para alegrar sus cócteles.

escarchado

Aunque no es estrictamente una decoración, escarchar una copa confiere un toque final muy profesional a un cóctel. El escarchado puede aportar sabor a la bebida, como la sal que se utiliza para preparar el Margarita (*véase* pág. 138), o puede ser sólo decorativo, como el escarchado de azúcar.

Para escarchar, presione el borde de la copa sobre un platito que contenga jugo de lima o de limón o agua para humedecerlo. Extienda el azúcar o la sal encima de un plato pequeño y aplique el borde de la copa sobre el azúcar o la sal; presiones para obtener un escarchado uniforme. Con un cuarto de lima o limón retire el exceso de escarchado que haya quedado dentro de la copa para evitar que contamine el cóctel. Si quiere que el escarchado no se desprenda, utilice clara de huevo en lugar de jugo de cítricos para adherir el azúcar o la sal al borde de la copa.

cócteles
afrutados

sea breeze

para preparar **2**
copas o vasos **2 vasos altos**
utensilios **pajitas**

cubitos de hielo
2 medidas de **vodka**
4 medidas de **jugo**
   de arándanos rojos
2 medidas de **zumo de pomelo**
cuartos de lima para decorar

Llene 2 vasos altos con cubitos de hielo. Vierta el vodka, el jugo de arándanos rojos y el zumo de pomelo encima del hielo y remueva bien.

Decore con un cuarto de lima y sirva.

Para preparar un Bay Breeze, que es un cóctel más dulce que el Sea Breeze, sustituya el zumo de pomelo por zumo de piña, que contrasta bien con el sabor ligeramente amargo del jugo de arándanos rojos.

storm at sea

para preparar **2**
copas o vasos **2 vasos bajos**
utensilios **coctelera, colador**

4 medidas de **jugo de**
arándanos rojos
2 medidas de **zumo de piña**
4 cucharaditas de **licor**
de flor de saúco
16-20 **cubitos de hielo**
3 medidas de **vodka Blavod**

Ponga el jugo de arándanos rojos, el zumo de piña
y el licor de flor de saúco en una coctelera con la mitad
de los cubitos de hielo, agite para mezclar y cuele el cóctel
en vasos bajos con los cubitos de hielo restantes.

Añada el vodka poco a poco, que se integrará en el cóctel
enseguida, y sirva inmediatamente.

Para preparar un Cape Codder, un cóctel más largo
y más refrescante que el Storm at Sea, exprima 6 cuartos
de lima en un vaso largo lleno de hielo, añada 2 medidas de
vodka y agregue jugo de arándanos rojos hasta llenar el vaso.

sex on the beach

para preparar **2**
copas o vasos **2 vasos altos**
utensilios **coctelera, colador**

cubitos de hielo
2 medidas de **vodka**
2 medidas de **schnapps**
   de melocotón
2 medidas de **jugo**
   de arándanos rojos
2 medidas de **zumo de naranja**
2 medidas de **zumo de piña**
   (opcional)
cuartos de limón y de lima
   para decorar

Ponga 8-10 cubitos de hielo en una coctelera y añada el vodka, el schnapps, el jugo de arándanos rojos, el zumo de naranja y el zumo de piña (si lo utiliza). Agite bien la coctelera.

Ponga 3-4 cubitos de hielo en cada vaso alto, cuele encima el cóctel y decore con los cuartos de limón y de lima.

Para preparar un Sex in the Dunes, un cóctel más corto y más estimulante que el Sex on the Beach, sustituya el jugo de arándanos rojos y el zumo de naranja por 1 medida de Chambord, agite bien la coctelera y decore cada vaso con trozos de piña.

marguerite

para preparar **2**
copas o vasos **2 vasos bajos**
utensilios **coctelera, colador**

cubitos de hielo y hielo picado
   para servir
6 medidas de **vodka**
el jugo de **2 limones**
el zumo de **1 naranja**
sirope de frambuesa, licor
   de marrasquino o granadina,
   al gusto

Ponga 8-10 cubitos de hielo en una coctelera. Vierta el vodka, el jugo de limón, el zumo de naranja y el sirope de frambuesa, y el licor de marrasquino o la granadina encima del hielo. Agite la coctelera hasta que se forme escarcha en la parte de fuera.

Cuele el cóctel en 2 vasos bajos llenos de hielo picado.

Para preparar un Destornillador, uno de los cócteles más clásicos, utilice 1 medida de vodka por cada 2 medidas de zumo de naranja fresco y sirva en un vaso con hielo.

rising sun

para preparar **2**
copas o vasos **2 vasos bajos**
utensilios **coctelera, colador**

cubitos de hielo
4 medidas de **vodka**
4 cucharillas de **sirope de fruta
de la pasión**
6 medidas de **zumo de pomelo**
rodajas de pomelo rosa
para decorar

Llene una coctelera hasta la mitad con cubitos de hielo
y ponga 6-8 cubitos de hielo en cada vaso bajo.

Añada el resto de los ingredientes en la coctelera y agítela
hasta que se forme escarcha en la parte de fuera. Cuele
el cóctel en los vasos con hielo, decore cada vaso con
una rodaja de pomelo rosa y sirva.

Para preparar un Harvey Wallbanger, un cóctel de
la década de 1960 inspirado en el Destornillador, vierta
1 cucharadita de Galliano, el licor italiano aromatizado con
hierbas, de modo que se forme una capa flotante encima
de una mezcla de 1 medida de vodka y 3 medidas de
zumo de naranja con abundante hielo.

green island fragrance

para preparar **2**
copas o vasos **2 vasos altos**
utensilios **coctelera, colador,
pajitas**

3 medidas de **vodka**
1 medida de **Midori**
2 medidas de **jugo de limón**
2 medidas de **zumo de piña**
2 chorritos de **sirope de azúcar**
cubitos de hielo y hielo picado
para servir
2 **cuartos de limón**

Ponga el vodka, el Midori, el jugo de limón y el zumo de piña en una coctelera y añada el sirope de azúcar y unos cuantos cubitos de hielo. Agregue un poco de hielo picado en los vasos altos.

Agite y cuele el cóctel en los vasos con hielo. Exprima un cuarto de limón sobre cada vaso, ponga el cuarto en el vaso y sirva con pajitas.

Para preparar un Vodka Caipiroska, con la mano de mortero maje, en un vaso bajo, 6 cuartos de lima junto con 2 cucharaditas de azúcar moreno claro, añada 2 medidas de vodka y agregue hielo picado hasta llenar el vaso.

laila cocktail

para preparar **2**
copas o vasos **2 copas
  de cóctel enfriadas**
utensilios **mano de mortero,
  coctelera, colador, palillos
  de cóctel**

4 **cuartos de lima**
4 **fresas**
8 **arándanos** y unos cuantos
  más para decorar
2 chorritos de **puré de mango**
2 medidas de **vodka
  de frambuesa**
cubitos de hielo

Con la mano de mortero maje los cuartos de lima, las bayas
y el puré de mango en una coctelera.

Añada el vodka de frambuesa y unos cuantos cubitos
de hielo y agite la coctelera vigorosamente. Haga un doble
colado y vierta la bebida en 2 copas de cóctel enfriadas.
Decore con 3 arándanos ensartados en un palillo y sirva.

Para preparar un Rock Chick, un cóctel que se prepara con
un vodka afrutado diferente, agite en la coctelera 2 medidas
de vodka de grosella negra junto con un chorrito generoso de
schnapps de melocotón, jugo de lima y abundante hielo.
Cuele la bebida en dos copas de cóctel enfriadas.

gin garden martini

para preparar **2**
copas o vasos **2 copas**
   de cóctel enfriadas
utensilios **mano de mortero,**
   coctelera, colador

½ **pepino** pelado y picado,
   y unas cuantas rodajas
   para decorar
1 medida de **licor**
   de flor de saúco
4 medidas de **ginebra**
2 medidas de **zumo**
   de manzanas prensadas
cubitos de hielo

Con la mano de mortero maje el pepino en una coctelera junto con el licor de flor de saúco.

Añada la ginebra, el zumo de manzanas y unos cuantos cubitos de hielo en la coctelera. Agítela, haga un doble colado y vierta la bebida en 2 copas de cóctel enfriadas. Decore con unas rodajas de pepino peladas y sirva.

Para preparar un Apple Martini, mezcle 4 medidas de vodka, 2 medidas de schnapps de manzana y 2 cucharadas de puré de manzana en una coctelera con muchos cubitos de hielo. Añada un chorrito generoso de jugo de lima y una pizca de canela molida, agite la coctelera y cuele la bebida en 2 copas de cóctel enfriadas decoradas con cuartos de manzana roja.

valentine martini

para preparar **2**
copas o vasos **2 copas**
   de cóctel enfriadas
utensilios **coctelera, colador,**
   palillos de cóctel

cubitos de hielo
4 medidas de **vodka**
   de frambuesa
12 **frambuesas** y unas cuantas
   más para decorar
1 medida de **jugo de lima**
2 chorritos de **sirope de azúcar**
espirales de corteza de lima
   para decorar

Llene una coctelera hasta la mitad con cubitos de hielo. Añada el resto de ingredientes y agite la coctelera hasta que se forme escarcha en la parte de fuera. Haga un doble colado y vierta la bebida en 2 copas de cóctel enfriadas.

Decore con unas frambuesas y una espiral de corteza de lima ensartadas en palillos y sirva.

Para preparar un Martini de sandía, exprima el jugo de media lima en una coctelera, añada 8 trozos de sandía, 3 medidas de vodka, 1 medida de licor de fruta de la pasión, un chorrito de jugo de arándanos rojos y hielo. Agite la coctelera y cuele la bebida en 2 copas de cóctel enfriadas y decore con un triángulo de sandía.

papa doble

para preparar **2**
copas o vasos **2 vasos altos**
utensilios **licuadora**

hielo picado
6 medidas de **ron blanco**
12 **frambuesas** y unas cuantas
   más para decorar
1 medida de **licor**
   de marrasquino
2 medidas de **jugo de lima**
3 medidas de **zumo de pomelo**
rodajas de pomelo para decorar

Ponga una pala de hielo picado en una licuadora junto con el ron, el licor de marrasquino, el jugo de lima y el zumo de pomelo y bata hasta que la mezcla adquiera una consistencia homogénea.

Sirva el cóctel en dos vasos altos con medias rodajas de pomelo. Esta bebida se puede endulzar al gusto con sirope de azúcar, aunque Hemingway, en cuyo honor se bautizó este cóctel, jamás lo hubiera hecho.

Para preparar un Cooper Cooler, otra bebida de ron caribeña, llene un vaso bajo con abundante hielo, añada 2 medidas de ron dorado y un chorrito de jugo de lima y agregue ginger ale hasta llenar el vaso.

red rum

para preparar **2**
copas o vasos **2 copas
de cóctel enfriadas**
utensilios **mano de mortero,
coctelera, colador**

1 puñado de **grosellas rojas**
y unas cuantas más para
decorar
1 medida de **ginebra
de endrinas**
4 medidas de **ron Bacardí
de 8 años**
1 medida de **jugo de limón**
1 medida de **sirope de vainilla**
cubitos de hielo

Con la mano de mortero, maje las grosellas rojas junto
con la ginebra de endrinas en una coctelera.

Añada el ron, el jugo de limón y el sirope de vainilla y unos
cuantos cubitos de hielo.

Agite la coctelera, haga un doble colado y vierta la bebida
en 2 copas de cóctel enfriadas. Decore con unas grosellas
rojas y sirva.

Para preparar un Rude Jude, otra deliciosa bebida afrutada,
ponga 2 medidas de ron blanco y un chorrito generoso de
sirope de fresa, otro de puré de fresas y un tercero de jugo
de lima en una coctelera con abundante hielo. Agite la
coctelera y cuele la bebida en 2 copas de cóctel enfriadas.

mojito de piña

para preparar **2**
copas o vasos **2 vasos altos**
utensilios **mano de mortero,
coctelera, colador**

1 **lima**
12 **hojas de menta** y unas
cuantas más para decorar
8 **trozos de piña** y triángulos
para decorar
4 cucharaditas de **azúcar
moreno**
4 medidas de **ron dorado**
hielo picado
zumo de piña

Corte la lima en cuartos y con la mano de mortero májelos
junto con la menta, los trozos de piña y el azúcar en una
coctelera. Añada el ron y hielo picado y agite la coctelera.

Vierta el cóctel en 2 vasos altos, añada hielo picado y zumo de
piña hasta llenar los vasos y remueva. Decore con un triángulo
de piña y una ramita de menta.

Para preparar un Pink Mojito maje, con la mano de mortero,
6 hojas de menta, el jugo de media lima, 2 cucharaditas
de sirope de azúcar y 3 frambuesas en un vaso alto. Añada
un puñado de hielo picado y vierta 1 ½ medida de ron blanco
y ½ medida de Chambord. Remueva bien, agregue jugo de
arándanos rojos hasta llenar el vaso y decore con unas
ramitas de menta.

daiquiri de fresa

para preparar **1**
copas o vasos **1 copa de cóctel enfriada**
utensilios **mano de mortero, coctelera, colador**

3 **fresas** sin las hojas
1 chorrito de **sirope de fresa**
6 **hojas de menta** y 1 ramita para decorar
2 medidas de **ron dorado**
2 medidas de **jugo de lima**
1 **rodaja de fresa** para decorar

Con la mano de mortero, maje las fresas, el sirope y las hojas de menta en una coctelera.

Añada en la coctelera el ron, el jugo de lima y un poco de hielo. Agítela, haga un doble colado y vierta la bebida en una copa de cóctel enfriada. Decore con una rodaja de fresa y una ramita de menta.

Para preparar un Daiquiri de melón, agite en una coctelera 2 medidas de ron, 1 medida de jugo de lima y ½ medida de Midori con abundante hielo picado y cuele la bebida en copas de cóctel enfriadas. Decore con un triángulo pequeño de melón.

moon river

para preparar **2**
copas o vasos **2 copas**
de cóctel enfriadas
utensilios **coctelera, colador**

cubitos de hielo
1 medida de **ginebra seca**
1 medida de **brandy**
de albaricoque
1 medida de **Cointreau**
½ medida de **Galliano**
½ medida de **jugo de limón**
cerezas marrasquinas
para decorar

Ponga unos cuantos cubitos de hielo en una coctelera. Vierta la ginebra, el brandy de albaricoque, el Cointreau, el Galliano y el jugo de limón encima del hielo.

Agite la coctelera y cuele la bebida en 2 copas de cóctel grandes enfriadas. Decore cada copa con una cereza.

Para preparar un Maiden's Prayer, vierta 4 medidas de ginebra en una coctelera con un poco de hielo y añada 4 medidas de Cointreau y 2 medidas de zumo de naranja. Agite bien y cuele la bebida en 2 copas de cóctel enfriadas.

orange blossom

para preparar **2**
copas o vasos **2 vasos altos**
utensilios **mano de mortero,
   pajitas**

8 **rodajas de naranja**
   y cuartos para decorar
4 cucharaditas de **sirope
   de almendras**
hielo picado
4 medidas de **ginebra**
2 medidas de **zumo
   de pomelo rosa**
6 chorritos de **Angostura
   amarga**

Con la mano de mortero, maje la mitad de las rodajas
de naranja junto con el sirope en los vasos altos. Llene
los vasos con hielo picado y vierta la ginebra encima del hielo.

Remueva, añada el zumo de pomelo y la Angostura amarga,
y decore con cuartos de naranja. Sirva con pajitas.

Para preparar un The Fix, un cóctel de ginebra aún
más afrutado que el Orange Blossom, mezcle 4 medidas
de ginebra con un chorrito de lima, otro de limón y un
tercero de zumo de piña y con 1 medida de Cointreau en
una coctelera llena de hielo. Cuele el cóctel en 2 vasos
enfriados.

berry collins

para preparar **2**
copas o vasos **2 vasos altos**
utensilios **mano de mortero**

8 **frambuesas** y unas cuantas
   más para decorar
8 **arándanos** y unos cuantos
   más para decorar
1-2 chorritos de **sirope de fresa**
hielo picado
4 medidas de **ginebra**
4 cucharaditas de **jugo de limón**
sirope de azúcar al gusto
agua de soda
rodajas de limón para decorar

Con la mano de mortero, maje la mitad de las bayas junto con el sirope de fresa en los vasos altos y llene cada vaso con hielo picado.

Añada la ginebra, el jugo de limón y el sirope de azúcar. Remueva bien y agregue agua de soda hasta llenar los vasos. Decore con unas frambuesas, unos arándanos y una rodaja de limón.

Para preparar un Lemon Grass Collins, ponga 2 medidas de vodka de citronela en un vaso alto lleno de hielo picado, vierta encima ½ medida de licor de vainilla formando una capa, añada un chorrito de jugo de limón y un poco de sirope de azúcar, y agregue cerveza de jengibre hasta llenar el vaso.

singapore sling

para preparar **2**
copas o vasos **2 vasos altos**
utensilios **coctelera, colador,**
 palillos de cóctel

cubitos de hielo
2 medidas de **ginebra**
1 medida de **brandy de cereza**
½ medida de **Cointreau**
½ medida de **Bénédictine**
1 medida de **granadina**
1 medida de **jugo de lima**
10 medidas de **zumo de piña**
1-2 chorritos de **amarga**
 de Angostura

para la **decoración**
triángulos de piña
cerezas marrasquinas

Llene una coctelera hasta la mitad con cubitos de hielo
y ponga unos cuantos cubitos de hielo en cada vaso alto.
Añada el resto de los ingredientes en la coctelera y agítela
hasta que se forme escarcha en la parte de fuera.

Cuele el cóctel en los vasos con hielo. Decore cada vaso
con un triángulo de piña y una cereza marrasquina y sirva.

Para preparar un Gin Sling, agite en una coctelera el jugo
de 1 limón, 2 medidas de brandy de cereza y 6 medidas de
ginebra con abundante hielo. Cuele el cóctel en 2 vasos altos
llenos de hielo y añada agua de soda hasta llenar los vasos.

bourbon peach smash

para preparar **2**
copas o vasos **2 vasos bajos**
utensilios **mano de mortero,
coctelera, colador**

12 **hojas de menta** y unas
ramitas para decorar
6 **rodajas de melocotón**
6 **rodajas de limón** y cortezas
para decorar
4 cucharaditas de **azúcar
blanquilla**
4 medidas de **bourbon**
cubitos de hielo y hielo picado
para servir

Con la mano de mortero, maje las hojas de menta, las rodajas de melocotón y de limón y el azúcar en una coctelera.

Añada el bourbon y unos cuantos cubitos de hielo y remueva bien. Cuele el cóctel en 2 vasos bajos con hielo picado. Decore cada vaso con una ramita de menta y una rodaja de limón.

Para preparar un Rhett Butler, otro cóctel de bourbon afrutado, llene una coctelera hasta la mitad con hielo, añada 4 medidas de bourbon, 8 medidas de jugo de arándanos rojos, 4 cucharadas de sirope de azúcar y 2 cucharadas de jugo de lima y agite bien. Cuele el cóctel en 2 vasos bajos llenos de hielo.

offshore

para preparar **2**
copas o vasos **2 copas hurricane**
utensilios **licuadora**

2 medidas de **ron blanco**
2 medidas de **tequila dorado**
12 **hojas de menta** y unas cuantas más para decorar
4 **trozos de piña**
6 medidas de **zumo de piña**
2 medidas de **nata líquida**
hielo picado

Ponga el ron, el tequila, las hojas de menta, los trozos de piña, el zumo de piña y la nata líquida junto con un poco de hielo picado en una licuadora y bata hasta que la mezcla adquiera una consistencia homogénea.

Vierta el cóctel en 2 copas hurricane, decore con hojas de menta y sirva.

Para preparar un Acapulco, otro cóctel que combina ron y tequila, ponga 2 medidas de tequila y 2 medidas de ron en una coctelera llena de hielo junto con 4 medidas de zumo de piña, 2 medidas de zumo de pomelo y 2 medidas de sirope de coco. Agite bien y cuele el cóctel en dos vasos altos llenos de hielo.

playa del mar

para preparar **2**
copas o vasos **2 vasos altos**
utensilios **coctelera, colador**

2 **rodajas de naranja**
azúcar moreno claro
   y sal marina mezclados
cubitos de hielo
2 ½ medidas de **tequila dorado**
1 ½ medidas de **Grand Marnier**
4 cucharaditas de **jugo de lima**
1 ½ medidas de **jugo**
   de arándanos rojos
1 ½ medidas de **zumo de piña**
triángulos de piña para decorar
espirales de corteza de naranja
   para decorar

Escarche el borde de cada vaso humedeciéndolo con
una rodaja de naranja y presionándolo sobre la mezcla
de azúcar y sal.

Llene cada vaso con cubitos de hielo. Vierta el tequila,
el Grand Marnier, el jugo de lima, el jugo de arándanos rojos
y el zumo de piña en una coctelera. Llene la coctelera con
cubitos de hielo, agítela vigorosamente durante 10 segundos
y cuele el cóctel en los vasos. Decore cada vaso con
un triángulo de piña y una espiral de corteza de naranja.

Para preparar un Sunburn, otro cóctel de tequila dorado,
llene un vaso alto con hielo, añada 2 medidas de tequila
dorado, 1 cucharada de Cointreau y 150 ml de jugo
de arándanos rojos. Decore con una rodaja de naranja,
si lo desea.

south for the summer

para preparar **2**
copas o vasos **2 vasos altos**
utensilios **licuadora**

4 cucharaditas de **granadina**
4 medidas de **tequila**
6 medidas de **zumo de naranja**
8 **trozos de piña** frescos
hielo picado
hojas de piña para decorar
espirales de corteza de naranja
   para decorar

Vierta la mitad de la granadina con cuidado en cada vaso. Ponga el tequila, el zumo de naranja y los trozos de piña con un poco de hielo picado en la licuadora y bata hasta que la mezcla adquiera una consistencia homogénea.

Vierta la mezcla encima de la granadina. Decore cada vaso con una hoja de piña y una espiral de corteza de naranja y remueva antes de servir.

Para preparar un Tequila Sunrise, ponga 5-6 cubitos de hielo en una coctelera, añada 3 medidas de tequila y 200 ml de zumo de naranja natural y agite la coctelera para mezclar. Cuele el cóctel en 2 vasos altos con abundante hielo e incluya 2 cucharaditas de granadina de modo que forme una capa en cada vaso. Decore cada vaso con una rodaja de naranja.

brandy crusta

para preparar **2**
copas o vasos **2 copas**
   de cóctel enfriadas
utensilios **coctelera, colador**

cuartos de limón
azúcar blanquilla
4 medidas de **brandy**
1 medida de **curaçao naranja**
1 medida de **licor**
   de marrasquino
2 medidas de **jugo de limón**
6 chorritos de **Angostura**
   amarga
cubitos de hielo
tiras de corteza de limón
   para decorar

Escarche el borde de cada copa humedeciéndolo con un cuarto de limón y presionándolo sobre el azúcar blanquilla.

Ponga el brandy, el curaçao, el licor de marrasquino, el jugo de limón y la Angostura en una coctelera con unos cuantos cubitos de hielo y agite bien. Cuele el cóctel en las copas, decórelas con tiras de corteza de limón y sirva.

Para preparar un Rum Crusta, sustituya el brandy y el curaçao por ron negro y el Cointreau, utilice jugo de lima en lugar de jugo de limón y suprima el Angostura.

Monte Carlo sling

para preparar **2**
copas o vasos **2 vasos altos**
utensilios **mano de mortero,
    coctelera, colador, palillos
    de cóctel**

10 **uvas sin pepitas** y unas
    cuantas más para decorar
hielo picado
2 medidas de **brandy**
1 medida de **licor de melocotón**
2 medidas de **oporto rubí**
2 medidas de **jugo de limón**
1 medida de **zumo de naranja**
2 chorritos de **bitter de naranja**
4 medidas de **champán**

Con la mano de mortero, maje 5 uvas en los vasos altos
y llene los vasos con hielo picado.

Ponga todos los ingredientes, excepto el champán, en una
coctelera y añada más hielo. Agite bien y cuele el cóctel en
los vasos. Agregue el champán, decore con unas uvas y sirva.

Para preparar un Fuzzy Navel, que es uno de los cócteles
más fáciles de preparar, vierta 1 ½ medida de licor de
melocotón en un vaso alto. Añada abundante hielo y
agregue zumo de naranja fresco hasta llenar el vaso.

goombay smash

para preparar **2**
copas o vasos **2 vasos bajos**
utensilios **coctelera, colador,
    palillos de cóctel**

3 medidas de **ron de coco**
2 medidas de **cachaça**
1 medida de **brandy
    de albaricoque**
1 medida de **jugo de lima**
8 medidas de **zumo de piña**
cubitos de hielo

para la **decoración**
triángulos de piña
cortezas de lima
cerezas marrasquinas

Ponga el ron, la cachaça, el brandy, el jugo de lima y el zumo de piña en una coctelera y añada unos cuantos cubitos de hielo.

Agite la coctelera y cuele el cóctel en 2 vasos bajos con hielo. Decore cada vaso con un triángulo de piña, una corteza de lima y unas cerezas y sirva.

Para preparar un Banana Royal, cuyos ingredientes básicos son los mismos que los del Goombay Smash, ponga 1 ½ medidas de leche de coco y 1 ½ medidas de ron dorado, 3 medidas de zumo de piña, ½ medida de nata y un plátano junto con un poco de hielo picado en una licuadora y bata hasta que la mezcla adquiera una consistencia homogénea y cremosa. Sirva en un vaso alto y espolvoree con coco seco.

cócteles
refrescantes

mexican mule

para preparar **2**
copas o vasos **2 vasos altos**
utensilios **mano de mortero**

2 **limas**
2 chorritos de **sirope de azúcar**
hielo picado
2 medidas de **tequila dorado
José Cuervo**
2 medidas de **licor de café
Kahlúa**
ginger ale

Corte las limas en cuartos. Ponga la mitad en cada vaso alto y con la mano de mortero májelas junto con el sirope de azúcar.

Llene cada vaso hasta la mitad con hielo picado, añada el tequila y el Kahlúa, remueva y agregue ginger ale hasta llenar los vasos.

Para preparar un Moscow Mule, uno de los cócteles americanos preferidos desde la década de 1950, ponga 6-8 cubitos de hielo picados en una coctelera, añada 4 medidas de vodka y el jugo recién exprimido de 4 limas y agite bien. Vierta el cóctel sin colarlo en 2 vasos altos con hielo y agregue cerveza de jengibre hasta llenar los vasos.

horizon

para preparar **2**
copas o vasos **2 copas**
de cóctel enfriadas
utensilios **coctelera, colador**

3 medidas de **vodka de hierbas**
zubrówka Bison
1 medida de **licor de pera Xanté**
2 medidas de **zumo de**
manzanas prensadas
2 cucharaditas de **licor de fruta**
de la pasión
2 chorritos de **jugo de limón**
cubitos de hielo
cortezas de limón para decorar
(opcional)

Vierta todos los ingredientes en una coctelera
con unos cuantos cubitos de hielo.

Agite la coctelera, haga un doble colado y vierta el cóctel
en unas copas de cóctel enfriadas. Decore cada copa
con una corteza de limón si lo desea y sirva.

Para preparar un Cosmopolitan, otro combinado de
vodka afrutado, agite en una coctelera 2 medidas de vodka,
1 medida de Cointreau, 2 medidas de jugo de arándanos
rojos y el jugo de 1 lima junto con un poco de hielo picado.
Cuele el cóctel en 2 copas de cóctel enfriadas y decore
con cortezas de naranja.

fragrance

para preparar **2**
copas o vasos **2 vasos altos**
utensilios **coctelera, colador,**
   pajitas

cubitos de hielo y hielo picado
   para servir
3 medidas de **vodka**
1 medida de **Midori**
2 medidas de **jugo de limón**
2 medidas de **zumo de piña**
2 chorritos de **sirope de azúcar**
2 **cuartos de limón**

Ponga 8-12 cubitos de hielo en una coctelera. Vierta el vodka, el Midori, el jugo de limón, el zumo de piña y el sirope de azúcar encima del hielo y agite.

Cuele el cóctel en 2 vasos altos llenos de hielo picado. Exprima un cuarto de limón sobre cada vaso, ponga el cuarto en los vasos y sirva con pajitas.

Para preparar un Machete, que es un cóctel menos dulce que el Fragrance, agite en una coctelera 2 medidas de vodka y 4 medidas de zumo de piña junto con abundante hielo. Cuele el cóctel en 2 vasos altos con hielo y añada agua tónica hasta llenar los vasos.

hair raiser

para preparar **2**
copas o vasos **2 vasos altos**
utensilios **pajitas**

cubitos de hielo picados
2 medidas de **vodka**
2 medidas de **vermut dulce**
2 medidas de **agua tónica**
**espirales de corteza de limón
  y de lima** para decorar

Ponga 2-4 cubitos de hielo en 2 vasos altos y vierta el vodka, el vermut y el agua tónica encima del hielo.

Remueva ligeramente, decore con las espirales de corteza de limón y de lima y sirva con pajitas.

Para preparar un Le Mans, otro cóctel refrescante, sustituya el vermut por Cointreau y el agua tónica por agua de soda. Decore con unos cuartos de limón.

mojito

para preparar **2**
copas o vasos **2 vasos altos**
utensilios **mano de mortero**

16 **hojas de menta** y ramitas
  para decorar
1 **lima** cortada en cuartos
4 cucharaditas de **azúcar**
  de caña
hielo picado
5 medidas de **ron blanco**
agua de soda

Con la mano de mortero, maje las hojas de menta, la lima
y el azúcar en 2 vasos altos y llene los vasos con hielo picado.

Añada el ron, remueva y agregue agua de soda hasta llenar
los vasos. Decore con unas ramitas de menta y sirva.

Para preparar un Mojito de limón, una versión cítrica
del clásico Mojito, maje con la mano de mortero los cuartos de
2 limas junto con 4 cucharaditas de azúcar moreno de caña
y 16 hojas de menta en 2 vasos altos; añada 4 medidas
de ron Bacardí Limón en lugar de 5 medidas de ron blanco.
Remueva y agregue agua de soda hasta llenar los vasos,
si lo desea. Decore con rodajas de limón y de lima y sirva
con pajitas.

cuba libre

para preparar **2**
copas o vasos **2 vasos altos**
utensilios **pajitas**

cubitos de hielo
4 medidas de **ron dorado**,
   como el Ron Havana Club
   de 3 años
el jugo de 1 lima
cola
cuartos de lima

Llene 2 vasos altos con cubitos de hielo. Vierta el ron y el jugo de lima encima del hielo y remueva.

Añada cola hasta llenar los vasos, decore con unos cuartos de lima y sirva con pajitas.

Para preparar un First the Money, una alternativa mentolada al Cuba Libre, maje con una mano de mortero 8 cuartos de lima junto con 2 chorritos de crema de menta. Añada un poco de hielo picado, 2 medidas de ron negro y 2 medidas de licor de café. Sirva en 2 vasos bajos con hielo y agregue cola hasta llenar los vasos.

tom collins

para preparar **2**
copas o vasos **2 vasos altos**

4 medidas de **ginebra**
3 cucharaditas de **jugo de limón**
2 cucharaditas de **sirope
de azúcar**
cubitos de hielo
agua de soda
rodajas de limón para decorar

Ponga la ginebra, el jugo de limón y el sirope de azúcar en 2 vasos altos.

Remueva bien y llene los vasos con cubitos de hielo. Agregue agua de soda hasta llenar los vasos, añada una rodaja de limón en cada vaso y sirva.

Para preparar un Pedro Collins, sustituya la ginebra por ron, y para un Pierre Collins, la ginebra por brandy.

negroni

para preparar **2**
copas o vasos **2 vasos bajos**
utensilios **vaso mezclador,
   colador**

cubitos de hielo
2 medidas de **ginebra Plymouth**
2 medidas de **Campari**
2 medidas de **vermut rojo**
agua de soda (opcional)
cuartos de naranja para decorar

Ponga unos cuantos cubitos de hielo en un vaso mezclador
y llene 2 vasos bajos con cubitos de hielo.

Añada la ginebra, el Campari y el vermut en el vaso mezclador,
remueva brevemente para mezclar y cuele el cóctel en los
vasos con hielo. Agregue agua de soda hasta llenar los vasos,
si lo desea. Decore cada vaso con unos cuartos de naranja
y sirva.

Para preparar un Bronx, que es una versión más cítrica
del Negroni, sustituya el Campari por 2 medidas de vermut
dulce y el vermut rojo por 2 medidas de vermut seco. Sirva
en 2 copas de cóctel enfriadas y añada zumo de naranja
fresco hasta llenar las copas.

white lady

para preparar **2**
copas o vasos **2 copas
de cóctel enfriadas**
utensilios **coctelera, colador**

2 medidas de **ginebra**
2 medidas de **Cointreau**
2 medidas de **jugo de limón**
cortezas de limón

Vierta la ginebra, el Cointreau y el jugo de limón
en una coctelera.

Agite la coctelera y cuele el cóctel en 2 copas de cóctel
enfriadas; añada una corteza de limón en cada copa y sirva.

Para preparar un Lady of Leisure, que es un cóctel
de un precioso color rosado, ponga 2 medidas de ginebra,
1 medida de Chambord, 1 medida de Cointreau, un chorrito
de jugo de limón y 50 ml de zumo de piña en una coctelera.
Agite, cuele el cóctel en 2 copas de cóctel enfriadas y decore
con tiras de corteza de naranja.

martini clásico

para preparar **2**
copas o vasos **2 copas
de cóctel enfriadas**
utensilios **vaso mezclador,
colador, palillos de cóctel**

cubitos de hielo
1 medida de **vermut seco**
6 medidas de **ginebra**
aceitunas verdes rellenas
para decorar

Ponga 10-12 cubitos de hielo en un vaso mezclador.

Vierta el vermut y la ginebra encima del hielo y remueva (en vez de agitar) vigorosamente y de manera uniforme, con cuidado de no salpicar. Cuele el cóctel en 2 copas de cóctel enfriadas, decórelas con una aceituna verde y sirva.

Para preparar un Smoky Martini, una variación interesante del Martini clásico, ponga unos cuantos cubitos de hielo en un vaso mezclador, añada ½ medida de vermut seco y remueva hasta que los cubitos de hielo queden bañados de vermut. Vierta 2 medidas de ginebra y 1 medida de ginebra de endrinas en el vaso mezclador y a continuación agregue 5 gotas de bitter de naranja. Remueva bien, cuele el cóctel en una copa de cóctel enfriada y añada una corteza de naranja.

julepe de menta virginia

para preparar **2**
copas o vasos **2 vasos altos**
utensilios **mano de mortero**

18 **ramitas de menta** y unas
   cuantas más para decorar
2 cucharaditas de **sirope
   de azúcar**
hielo picado
6 medidas de **bourbon**

Con una mano de mortero, maje la mitad de la menta junto con el sirope de azúcar en los vasos (o, como es tradicional, en jarras de plata heladas).

Llene los vasos con hielo picado. Vierta el bourbon encima del hielo y remueva delicadamente. Agregue más hielo picado y remueva hasta que se forme escarcha en el exterior de los vasos. Envuelva cada vaso en una servilleta y sírvalo decorado con una ramita de menta.

Para preparar un Julepe de menta, un cóctel que data de 1803, utilice 4 medidas de bourbon en lugar de 6 y añada 8 gotas de Angostura amarga a la mezcla majada. Vierta el cóctel en 2 vasos altos.

tijuana sling

para preparar **2**
copas o vasos **2 vasos altos**
utensilios **coctelera**

3 ½ medidas de **tequila**
1 ½ medida de **crema
de casis**
1 ½ medida de **jugo de lima**
6 chorritos de **bitter
de Peychaud**
cubitos de hielo
7 medidas de **ginger ale**

para la **decoración**
rodajas de lima
arándanos

Vierta el tequila, la crema de casis, el jugo de lima y el bitter en una coctelera. Añada 8-10 cubitos de hielo y agite vigorosamente.

Vierta el cóctel sin colar en 2 vasos altos y agregue ginger ale hasta llenar los vasos. Decore con unas rodajas de lima y unos arándanos y sirva.

Para preparar un Border Crossing, que es una bebida estupenda para el verano, sustituya el tequila por tequila dorado, y añada 2 medidas de jugo de lima, 1 cucharadita de miel y varios chorritos de bitter de naranja. Sirva en 2 vasos altos, agregue ginger ale hasta llenar los vasos y decore con unos arándanos y unos cuartos de lima.

long island iced tea

para preparar **2**
copas o vasos **2 vasos altos**
utensilios **coctelera, colador**

1 medida de **vodka**
1 medida de **ginebra**
1 medida de **ron blanco**
1 medida de **tequila**
1 medida de **Cointreau**
1 medida de **jugo de limón**
cubitos de hielo
cola
rodajas de limón para decorar

Ponga el vodka, la ginebra, el ron, el tequila, el Cointreau y el jugo de limón en una coctelera con unos cuantos cubitos de hielo y agite para mezclar.

Cuele el cóctel en 2 vasos altos llenos de cubitos de hielo y agregue cola hasta llenar los vasos. Decore con unas rodajas de limón y sirva.

Para preparar un Camber Sands Iced Tea, el equivalente británico del potente cóctel Long Island Iced Tea, agite en una coctelera 4 medidas de vodka de limón, 200 ml de té Earl Grey, 50 ml de jugo de arándanos rojos, 12 hojas de menta, un chorrito de sirope de azúcar y un poco de zumo de limón con abundante hielo. Cuele el cóctel en 2 vasos altos con hielo y decore con unas rodajas de limón y unas hojas de menta.

bedtime bouncer

para preparar **2**
copas o vasos **2 vasos altos**
utensilios **vaso mezclador,
   pajitas**

4 medidas de **brandy**
2 medidas de **Cointreau**
10 medidas de **agua tónica
   de limón**
cubitos de hielo
espirales de corteza de limón
   para decorar

Vierta el brandy, el Cointreau y el agua tónica de limón
en un vaso mezclador y remueva bien.

Ponga 8-12 cubitos de hielo en 2 vasos altos y vierta la mezcla
encima del hielo. Decore con espirales de corteza de limón
y sirva con pajitas.

Para preparar un Bouncing Bomb, sustituya el Cointreau
por curaçao y el agua tónica de limón por agua de soda.

sangría

para **10-12 personas**
copas o vasos **vasos de vino**
utensilios **una jarra muy grande**

cubitos de hielo
2 botellas de **vino tinto** ligero
 español enfriado
5 medidas de **brandy**
**cuartos de naranja, limón
 y manzana**
rodajas de limón
ramas de canela
450 ml aprox. de **gaseosa fría**

Ponga unos cuantos cubitos de hielo en una jarra muy grande.
Añada el vino, el brandy, los cuartos de frutas y una rama
de canela y remueva bien.

Antes de servir, agregue gaseosa hasta llenar la jarra
y remueva. Sirva en vasos decorados con unas rodajas
de limón y unas ramas de canela.

Para preparar una sangría blanca, sustituya el vino tinto
por vino blanco. Para preparar una sangría para 6 personas,
vierta 2 vasos grandes de vino blanco seco en una jarra,
añada 2 medidas de vodka de limón, 2 medidas de schnapps
de melocotón, 2 medidas de puré de melocotón, 1 medida de
jugo de limón y 1 medida de jugo de lima. Deje enfriar en el
frigorífico durante 12 horas o toda la noche. Antes de servir,
añada unos cuantos cubitos de hielo, 1 medida de limón
recién exprimido y 1 medida de jugo de lima y agregue
gaseosa hasta llenar la jarra.

pimm's cocktail

para preparar **2**
copas o vasos **2 vasos altos**
utensilios **mano de mortero**

cubitos de hielo
2 medidas de **Pimm's N.º 1**
2 medidas de **ginebra**
4 medidas de **gaseosa**
4 medidas de **ginger ale**

para la **decoración**
tiras de pepino
arándanos
rodajas de naranja

Llene 2 vasos altos con cubitos de hielo.

Vierta los ingredientes, uno a uno y en orden, encima del hielo. Decore con tiras de pepino, unos arándanos y unas rodajas de naranja y sirva.

Para preparar On the Lawn, que es un cóctel más potente que el Pimm's Cocktail clásico aunque igual de refrescante, llene dos vasos altos con hielo y frutas frescas, añada 2 medidas de Pimm's N.º 1 y 2 medidas de ginebra en cada vaso, y agregue gaseosa y ginger ale hasta llenar los vasos.

planter's punch

para preparar **2**
copas o vasos **2 vasos altos**
utensilios **coctelera, colador**

4 medidas de **ron jamaicano**
   Myer's Planter's Punch
2 gotas de **Angostura amarga**
1 medida de **jugo de lima**
4 medidas de **agua fría**
2 medidas de **sirope de azúcar**
cubitos de hielo

para la **decoración**
rodajas de naranja
rodajas de lima

Ponga el ron, el Angostura, el jugo de lima, el agua y el sirope de azúcar en una coctelera y añada unos cuantos cubitos de hielo.

Agite la coctelera y cuele el cóctel en 2 vasos altos llenos de hielo. Decore con unas rodajas de naranja y de lima y sirva.

Para preparar un Tempo, una alternativa rápida al Planter's Punch, ponga 3 cubitos de hielo picados en cada vaso y vierta 1 medida de ron blanco, 1 medida de jugo de lima y ½ medida de crema de cacao encima del hielo en cada vaso. Añada un chorrito de Angostura amarga, remueva, agregue gaseosa hasta llenar los vasos y decore con unas rodajas de lima.

cócteles chispeantes y espumosos

russian spring punch

para preparar **2**
copas o vasos **2 vasos altos**

cubitos de hielo
1 medida de **crema de casis**
2 medidas de **jugo de limón**
4 cucharaditas de **sirope
de azúcar**
champán o cava enfriado
4 medidas de **vodka Absolut**

para la **decoración**
rodajas de limón
mezcla de bayas

Llene 2 vasos altos con cubitos de hielo. Vierta la crema de casis, el jugo de limón y el sirope de azúcar encima del hielo.

Añada el champán y el vodka al mismo tiempo para evitar que el cóctel quede demasiado espumoso y remueva. Decore cada vaso con unas rodajas de limón y unas bayas y sirva.

Para preparar un Kir Champagne Royale, que no es tan fuerte como el Russian Spring Punch, ponga una cucharadita de vodka en una copa de flauta, añada 2 cucharaditas de crema de casis y agregue champán frío hasta llenar la copa.

cócteles
chispeantes y
espumosos

lime fizz

para preparar **2**
copas o vasos **2 copas
de flauta**
utensilios **coctelera, colador**

2 cuartos de lima
2 medidas de **vodka de lima**
2 medidas de **zumo de naranja**
cubitos de hielo
champán o cava frío
cortezas de lima para decorar

Exprima los cuartos de lima en una coctelera y añada el vodka
y el jugo de naranja con unos cuantos cubitos de hielo.

Agite brevemente, haga un doble colado y vierta el cóctel
en 2 copas de flauta. Añada champán frío hasta llenar
las copas y decórelas con unas cortezas de lima.

Para preparar un Grand Mimosa, otro cóctel espumoso
afrutado y refrescante, vierta 1 medida de Grand Marnier
y 1 medida de zumo de naranja natural en una copa de flauta;
añada un poco de hielo y agregue champán hasta llenar
la copa.

buck's twizz

para preparar **2**
copas o vasos **2 copas**
  de cáliz ancho enfriadas

2 medidas de **zumo**
  de naranja natural
1 medida de **licor**
  de marrasquino
2 medidas de **vodka Absolut**
  Mandarin
champán o cava frío
rodajas de pomelo rosa
  sin corteza para decorar

Vierta el zumo de naranja y el licor de marrasquino en 2 copas de cáliz ancho enfriadas.

Añada el vodka y el champán al mismo tiempo para evitar que el cóctel quede demasiado espumoso. Decore con unas rodajas de pomelo rosa sin corteza y sirva.

Para preparar un Buck's Fizz, que es un cóctel para fiestas muy apreciado, necesitará una mezcla de zumo de naranja y champán. Utilice unos 250 ml de zumo de naranja natural por cada botella de champán frío y mézclelos en una jarra grande.

lush crush

para preparar **2**
copas o vasos **2 copas**
de flauta enfriadas
utensilios **mano de mortero,**
coctelera, colador

4 **fresas** y unas cuantas más
para decorar
2 chorritos de **sirope de azúcar**
4 **cuartos de lima**
2 medidas de **vodka Absolut**
Kurant
cubitos de hielo
champán o cava frío

Con la mano de mortero, maje las fresas, el sirope de azúcar y los cuartos de lima en una coctelera. Añada el vodka y unos cuantos cubitos de hielo.

Agite la coctelera, haga un doble colado y sirva el cóctel en 2 copas de flauta enfriadas. Agregue champán frío hasta llenar las copas, decore cada vaso con una rodaja de fresa y sirva.

Para preparar un Champino, que es igual de espumoso que el Lush Crush aunque menos afrutado, agite en una coctelera 2 medidas de Campari y 2 ½ medidas de vermut dulce con abundante hielo, y cuele el cóctel en copas de cóctel enfriadas. Añada champán frío hasta llenar las copas. Este cóctel tiene un agradable posgusto agridulce.

riviera fizz

para preparar **2**
copas o vasos **2 copas**
  de flauta enfriadas
utensilios **coctelera, colador**

3 medidas de **ginebra**
  de endrinas
1 medida de **jugo de limón**
1 medida de **sirope de azúcar**
cubitos de hielo
champán o cava frío
cortezas de limón para decorar

Ponga la ginebra de endrinas, el jugo de limón y el sirope de azúcar en una coctelera y añada unos cuantos cubitos de hielo.

Agite la coctelera y cuele el cóctel en 2 copas de flauta enfriadas. Agregue champán frío hasta llenar las copas, remueva y decore cada copa con una corteza de limón.

Para preparar un cóctel de champán clásico, la quintaesencia del cóctel espumoso, coloque un terrón de azúcar en cada copa de flauta, embébalo con Angostura amarga, y añada 1 medida de brandy. Agregue champán frío hasta llenar la copa.

e = mc²

para preparar **2**
copas o vasos **2 copas
de flauta**
utensilios **coctelera, colador**

cubitos de hielo
4 medidas de **Southern Comfort**
2 medidas de **jugo de limón**
1 medida de **sirope de arce**
champán o cava frío
tiras de corteza de limón
para decorar

Ponga 8-10 cubitos de hielo picados en una coctelera. Vierta el Southern Comfort, el jugo de limón y el sirope de arce encima del hielo y agite hasta que se forme escarcha en el exterior de la coctelera.

Cuele el cóctel en 2 copas de flauta y agregue champán frío hasta llenar las copas. Decore con una tira de corteza de limón y sirva.

Para preparar un Paddy's Night, un cóctel espumoso de color verde, vierta 1 medida de crema de menta y 1 medida de whisky irlandés en una coctelera con unos cuantos cubitos de hielo. Agite, cuele el cóctel en 2 copas de flauta y añada champán frío hasta llenar las copas.

julepe de champán

para preparar **2**
copas o vasos **2 vasos altos**
utensilios **mano de mortero**

4 **ramitas de menta**
   y unas cuantas más
   para decorar
2 cucharaditas de **sirope
   de azúcar**
hielo picado
2 medidas de **brandy**
champán o cava frío

Ponga 2 ramitas de menta y 1 cucharada de sirope de azúcar en cada vaso y májelos con la mano de mortero.

Llene los vasos con hielo picado y añada el brandy. Agregue el champán frío hasta llenar los vasos y remueva delicadamente. Decore con unas ramitas de menta y sirva.

Para preparar un Champagne Cooler, que es un cóctel de lo más simple, sustituya el sirope de azúcar por 1 medida de Cointreau.

bellini

para preparar **2**
copas o vasos **2 copas
de flauta enfriadas**
utensilios **vaso mezclador**

4 medidas de **zumo
de melocotón**
8 medidas de **champán
o cava frío**
2 chorritos de **granadina**
(opcional)
cuartos de melocotón
para decorar

Mezcle el zumo de melocotón y el champán frío en
un vaso mezclador grande. Añada la granadina (si la incluye).

Vierta el cóctel en 2 copas de flauta, decore cada copa
con un cuarto de melocotón y sirva.

Para preparar un Mango Bellini, una variación afrutada
del Bellini, vierta 3 medidas de zumo de mango en
una copa de flauta y agregue champán rosado frío
hasta llenar la copa.

aria classic

para preparar **2**
copas o vasos **2 copas**
 de flauta enfriadas

2 **terrones de azúcar moreno**
6 gotas de **Angostura amarga**
2 medidas de **Grand Marnier**
champán o cava frío
cortezas de naranja
 para decorar

Ponga un terrón de azúcar en cada copa y empápelo con 3 gotas de Angostura.

Añada el Grand Marnier y remueva brevemente. Agregue champán frío hasta llenar las copas, decore cada copa con una corteza de naranja y sirva.

Para preparar un Frobisher, que es un cóctel más fuerte que el Aria Classic, llene unos vasos altos con hielo, añada 2 chorritos de Angostura amarga y 1 medida de ginebra en cada vaso y agregue champán frío hasta llenar los vasos.

ritz fizz 1

para preparar **2**
copas o vasos **2 copas
de flauta**
utensilios **vaso mezclador**

2 chorritos de **curaçao azul**
2 chorritos de **jugo de limón**
2 chorritos de **Amaretto
di Saronno**
champán o cava frío
espirales de corteza de limón
para decorar

Vierta el curaçao, el jugo de limón y el Amaretto en un vaso mezclador y mézclelos.

Vierta el cóctel en 2 copas de flauta y añada champán frío hasta llenar las copas. Remueva delicadamente para mezclar, decore cada copa con una espiral de corteza de limón y sirva.

Para preparar un Ritz Fizz 2, mezcle medidas iguales de crema de casis, Poire William y champán frío, y sirva el cóctel en copas de flauta enfriadas. Aunque parece una bebida ligera y se bebe fácilmente, en realidad se trata de un combinado muy fuerte.

cócteles ácidos
y estimulantes

surf rider

para preparar **2**
copas o vasos **2 vasos bajos**
utensilios **coctelera, colador**

cubitos de hielo
6 medidas de **vodka**
2 medidas de **vermut dulce**
el jugo de 1 **limón**
el jugo de 2 **naranjas**
1 cucharadita de **granadina**

Ponga 8-10 cubitos de hielo en una coctelera. Vierta el vodka, el vermut, el jugo de limón, el zumo de naranja y la granadina encima del hielo y agite hasta que se forme escarcha en el exterior de la coctelera.

Cuele el cóctel y viértalo en vasos bajos. Sirva inmediatamente.

Para preparar un Tokyo Jo, que tiene sabor a melón en lugar de a cítricos, ponga 2 medidas de vodka y 2 medidas de Midori en una coctelera con un poco de hielo. Agite bien y sirva en 2 vasos bajos con hielo.

godmother

para preparar **2**
copas o vasos **2 vasos bajos**

cubitos de hielo picados
3 medidas de **vodka**
1 medida de **Amaretto
  di Saronno**

Ponga 4-6 cubitos de hielo picados en 2 vasos bajos.

Añada el vodka y el Amaretto, remueva ligeramente para mezclarlos bien y sirva.

Para preparar un St Petersburg, sustituya el Amaretto por la misma cantidad de Chartreuse.

vodka sazerac

para preparar **2**
copas o vasos **2 vasos bajos**

2 **terrones de azúcar**
2 gotas de **Angostura amarga**
5 gotas de **Pernod**
6-8 **cubitos de hielo**
4 medidas de **vodka**
gaseosa

Ponga un terrón de azúcar en cada vaso bajo y embébalos con 2 gotas de Angostura.

Añada el Pernod y revuélvalo en los vasos para impregnar las paredes. Ponga 3-4 cubitos de hielo y vierta el vodka encima del hielo. Agregue gaseosa hasta llenar los vasos, remueva suavemente para mezclar y sirva.

Para preparar un Iceberg, un cóctel de pastis turbio y potente, elimine la gaseosa y el Angostura amargo, y sírvalo en vasos bajos con hielo.

dawa

para preparar **2**
copas o vasos **2 vasos bajos**
utensilios **mano de mortero**

2 **limas** en cuartos, cortadas
   en rodajas gruesas
2 cucharadas de **miel espesa**
2 cucharaditas de **azúcar**
   blanquilla
hielo picado
4 medidas de **vodka**

Ponga las rodajas de lima, la miel y el azúcar en 2 vasos bajos de fondo grueso y con la mano de mortero májelo todo.

Añada un poco de hielo picado y vierta el vodka encima del hielo.

Para preparar un Dawa de fresa, uno de los cócteles africanos predilectos, maje con la mano de mortero 6 fresas y 2 limas en rodajas en unos vasos bajos. Agregue un chorrito de sirope de fresa, un poco de hielo y 2 medidas de vodka de limón en cada vaso.

vanilla vodka sour

para preparar **2**
copas o vasos **2 copas
de cóctel**
utensilios **coctelera**

cubitos de hielo
4 medidas de **vodka de vainilla**
1 medida de **sirope de azúcar**
2 **claras de huevo**
3 medidas de **jugo de limón**
10 gotas de **Angostura amarga**
para decorar

Ponga 8-10 cubitos de hielo en una coctelera. Añada el vodka, el sirope de azúcar, las claras de huevo y el jugo de limón y agite la coctelera hasta que se forme escarcha en el exterior de ésta.

Vierta la bebida sin colar en 2 copas de cóctel y rocíe las copas con las gotas de Angostura amarga para decorar.

Para preparar un Vodka Collins, agite en una coctelera 4 medidas de vodka, el jugo de 2 limas frescas y 2 cucharaditas de azúcar blanquilla con 6 cubitos de hielo. Cuele el cóctel en 2 vasos altos, añada cubitos de hielo y agregue agua de soda hasta llenar los vasos.

gingersnap

para preparar **2**
copas o vasos **2 vasos bajos**

cubitos de hielo
6 medidas de **vodka**
2 medidas de **vino de jengibre**
agua de soda

Ponga 4-6 cubitos de hielo en 2 vasos bajos.

Vierta el vodka y el vino de jengibre encima del hielo y remueva ligeramente. Agregue agua de soda hasta llenar los vasos y sirva.

Para preparar un Salty Dog, un cóctel con notas cítricas, humedezca el borde de 2 vasos bajos y presiónelo sobre sal para escarcharlo. Ponga 2-3 cubitos de hielo en cada vaso. Añada 1 medida de vodka en cada vaso y agregue zumo de pomelo hasta llenar los vasos.

margarita

para preparar **2**
copas o vasos **2 copas**
 Margarita
utensilios **coctelera, colador**

2 **cuartos de lima**
sal gema
4 medidas de **tequila**
 Herradura Reposado
2 medidas de **jugo de lima**
2 medidas de **Triple Seco**
cubitos de hielo
rodajas de lima para decorar

Humedezca el borde de cada copa Margarita con un cuarto de lima y presiónelo sobre sal gema para escarcharlo.

Vierta el tequila, el jugo de lima y el Triple Seco en una coctelera y añada unos cuantos cubitos de hielo. Agite y cuele el cóctel en las copas con los bordes escarchados de sal. Decore cada copa con una rodaja de lima y sirva.

Para preparar un Grand Margarita, sustituya el Triple Seco por Grand Marnier, que aporta un toque dulce al Margarita clásico.

hummingbird

para preparar **2**
copas o vasos **2 vasos altos**
utensilios **coctelera, colador,
    pajitas**

cubitos de hielo picados
2 medidas de **ron negro**
2 medidas de **ron claro**
2 medidas de **Southern Comfort**
2 medidas de **zumo de naranja**
cola
rodajas de naranja para decorar

Ponga 8-10 cubitos de hielo picados en una coctelera. Vierta el ron negro y el ron claro, el Southern Comfort y el zumo de naranja encima del hielo y agite hasta que se forme escarcha en la parte exterior de la coctelera.

Cuele el cóctel en 2 vasos altos y añada cola hasta llenar los vasos. Decore cada vaso con una rodaja de naranja y sirva con una pajita.

Para preparar un Havana Beach, otro cóctel con reminiscencias cubanas, ponga 2 medidas de ron blanco, 1 lima pelada, 4 medidas de zumo de piña y 2 cucharaditas de azúcar en una licuadora. Bata hasta que la mezcla adquiera una consistencia homogénea. Vierta el cóctel en 2 vasos altos con abundante hielo y agregue ginger ale hasta llenar los vasos.

rum old-fashioned

para preparar **2**
copas o vasos **2 vasos bajos**

6 **cubitos de hielo**
2 chorritos de **Angostura amarga**
2 chorritos de **bitter de lima**
2 cucharaditas de **azúcar blanquilla**
1 medida de **agua**
4 medidas de **ron blanco**
1 medida de **ron negro**
cortezas de lima para decorar

Agite 1 cubito de hielo junto con un chorrito de Angostura amarga, un chorrito de bitter de lima, 1 cucharadita de azúcar y la mitad del agua en cada vaso bajo hasta que el azúcar se disuelva.

Añada el ron blanco, remueva y agregue los cubitos de hielo restantes. Incorpore el ron negro y remueva. Decore cada vaso con una corteza de lima y sirva.

Para preparar un Rum Refashioned, ponga un terrón de azúcar moreno en cada vaso bajo y embébalos con Angostura amarga. Añada 2 cubitos de hielo y 2 medidas de ron viejo en cada vaso, remueva bien y agregue sirope de azúcar al gusto.

tanqstream

para preparar **2**
copas o vasos **2 vasos altos**
utensilios **coctelera, colador**

cubitos de hielo picados
4 medidas de **ginebra**
 Tanqueray
4 cucharaditas de **jugo de lima**
6 medidas de **agua de soda**
 o agua tónica
4 cucharaditas de **crema**
 de casis

para la **decoración**
rodajas de lima
mezcla de bayas

Ponga un poco de hielo picado en una coctelera, vierta la ginebra y el jugo de lima encima del hielo y agite para mezclar.

Cuele el cóctel en 2 vasos altos llenos de hielo picado hasta la mitad. Para preparar un Tanqstream seco, añada agua de soda; para que el Tanqstream sea menos seco, incluya agua tónica. Agregue la crema de casis removiendo, decore con las rodajas de lima y la mezcla de bayas y sirva.

Para preparar un Gin and Tonic en su mejor versión, vierta 2 medidas de ginebra y 4 medidas de tónica en un vaso bajo con muchos cubitos de hielo y un cuarto de lima.

pink clover club

para preparar **2**
copas o vasos **2 copas
de cóctel**
utensilios **coctelera, colador**

cubitos de hielo
el jugo de 2 **limas**
2 chorritos de **granadina**
2 **claras de huevo**
6 medidas de **ginebra**
rodajas de fresa para decorar

Ponga 8-10 cubitos de hielo en una coctelera y vierta el jugo de lima, la granadina, las claras de huevo y la ginebra encima del hielo. Agite la coctelera hasta que se forme escarcha en el exterior de la coctelera.

Cuele la bebida en 2 copas de cóctel y decore cada copa con unas rodajas de fresa.

Para preparar un Clover Club, un cóctel clásico que data de la década de 1880, suprima la granadina y añada un chorrito de sirope de azúcar. Cuele el cóctel en 2 copas y decore con unos cuartos de lima.

sapphire martini

para preparar **2**
copas o vasos **2 copas**
  de cóctel
utensilios **coctelera, colador**

cubitos de hielo
4 medidas de **ginebra**
1 medida de **curaçao azul**
cerezas de cóctel rojas
  o azules para decorar

Ponga 8 cubitos de hielo en una coctelera. Vierta la ginebra y el curaçao azul encima del hielo. Agite bien para mezclar.

Cuele la bebida en 2 copas de cóctel y coloque cuidadosamente una cereza en cada vaso.

Para preparar un Gimlet, otro sencillo cóctel de ginebra, mezcle 2 medidas de ginebra y 1 medida de licor de lima en un vaso bajo y añada abundante hielo. Decore con un cuarto de lima.

rattlesnake

para preparar **2**
copas o vasos **2 vasos bajos**
utensilios **coctelera, colador**

cubitos de hielo y unos cuantos
    más para servir
3 medidas de **whisky**
2 cucharaditas de **jugo de limón**
2 cucharaditas de **sirope**
    de azúcar
2 **claras de huevo**
unas gotas de **Pernod**
cuartos de lima para decorar

Ponga 8-10 cubitos de hielo en una coctelera, vierta
el whisky, el jugo de limón, el sirope de azúcar, las claras
de huevo y el Pernod encima del hielo y agite muy bien.

Cuele el cóctel en 2 vasos cortos, añada un poco más
de hielo y sirva con unos cuartos de lima.

Para preparar un Kicker, que es uno de los cócteles
de whisky más sencillos, mezcle 1 medida de whisky
con 1 medida de Midori y sírvalo frío o con hielo.

american belle

para preparar **2**
copas o vasos **2 vasos
de chupito**
utensilios **cuchara de bar**

1 medida de **licor de cerezas**
1 medida de **Amaretto
di Saronno**
1 medida de **bourbon**

Vierta el licor de cerezas en 2 vasos de chupito. Con la ayuda de la parte posterior de una cuchara de bar, vierta lentamente el Amaretto encima del licor de cereza de modo que se forme una capa separada.

Vierta el bourbon de la misma manera encima del Amaretto, formando una capa flotante, y sirva.

Para preparar un Sicilian Kiss, otro cóctel de Amaretto, llene un vaso bajo con hielo picado, vierta 2 medidas de Southern Comfort y 1 medida de Amaretto di Saronno encima del hielo y remueva.

baja sour

para preparar **2**
copas o vasos **2 vasos altos**
utensilios **coctelera**

cubitos de hielo
2 ½ medidas de **tequila dorado**
4 cucharaditas de **sirope
   de azúcar**
2 ½ medidas de **jugo de limón**
4 chorritos de **bitter de naranja**
1 **clara de huevo**
2 cucharaditas de **jerez
   amontillado**
cuartos de limón para decorar
espirales de corteza de naranja
   para decorar

Ponga 8-10 cubitos de hielo en una coctelera, vierta el tequila, el sirope de azúcar, el jugo de limón, el bitter y la clara de huevo encima del hielo y agite la coctelera vigorosamente.

Vierta el cóctel en 2 vasos altos y rocíe los vasos con el jerez. Decore cada vaso con unos cuartos de limón y una espiral de corteza de naranja y sirva.

Para preparar un Batanga, otro cóctel de tequila, presione un cuarto de lima sobre sal y humedezca con él el borde de 2 vasos altos. Llene los vasos con hielo, añada 2 medidas de tequila en cada vaso y agregue cola hasta llenar los vasos.

dirty sánchez

para preparar **2**
copas o vasos **2 copas**
   de cóctel enfriadas
utensilios **vaso mezclador,**
   colador, palillos de cóctel

cubitos de hielo
4 cucharaditas de **Noilly Prat**
4 medidas de **tequila dorado**
   (preferiblemente añejo)
4 cucharaditas de **salmuera de**
   un tarro de aceitunas negras
4 **aceitunas negras** para
   decorar

Llene un vaso mezclador con cubitos de hielo y añada el Noilly Prat. Revuelva hasta que los cubitos de hielo queden bañados de vermut y después deseche el exceso de vermut.

Añada el tequila y la salmuera y remueva hasta que se enfríen completamente. Cuele la bebida en 2 copas de cóctel enfriadas, decore con aceitunas negras y sirva.

Para preparar un Pancho Villa, agite en una coctelera 2 medidas de tequila, 1 medida de Tía María y 2 cucharaditas de Cointreau con abundante hielo, y cuele la bebida en unas copas de cóctel enfriadas.

pisco sour

para preparar **2**
copas o vasos **2 vasos bajos**
utensilios **coctelera, colador**

cubitos de hielo
4 medidas de **pisco**
2 medidas de **jugo de limón**
4 cucharaditas de **azúcar
blanquilla**
2 **claras de huevo**
2 chorritos de
Angostura amarga
cuartos de limón para decorar

Llene con cubitos de hielo una coctelera hasta la mitad
y 2 vasos bajos.

Añada el pisco, el jugo de limón, el azúcar y las claras
de huevo a la coctelera y agítela hasta que se forme
escarcha en la parte de fuera.

Cuele el cóctel en los vasos encima del hielo, rocíe
la Angostura sobre la capa de espuma del cóctel y sirva
con unos cuartos de limón.

Para preparar un Atacama Pisco Sour, la versión chilena
del Pisco Sour, suprima las claras de huevo y la Angostura
amarga, utilice menos cantidad de pisco y añada ½ medida
de whisky escocés en cada vaso.

batido de maracuyá

para preparar **2**
copas o vasos **2 vasos altos**
utensilios **coctelera, pajitas**

4 medidas de **cachaça**
4 **frutas de la pasión** cortadas
    por la mitad y extraída la pulpa
2 medidas de **sirope de azúcar**
2 medidas de **jugo de limón**
cubitos de hielo y hielo picado
    para servir
rodajas de limón para decorar

Ponga la cachaça, la pulpa de fruta de la pasión, el sirope de azúcar y el jugo de limón en una coctelera y añada unos cuantos cubitos de hielo.

Agite la coctelera y cuele el cóctel en 2 vasos altos llenos de hielo picado. Decore con unas rodajas de limón y sirva con pajitas largas.

Para preparar una Caipirinha, otro combinado de cachaça que es el cóctel brasileño más famoso, maje con la mano de mortero 4 cuartos de lima junto con 2 cucharaditas de azúcar de caña en cada vaso bajo. Agregue hielo picado y 2 medidas de cachaça hasta llenar los vasos.

cucumber sake-tini

para preparar **2**
copas o vasos **2 copas
de cóctel enfriadas**
utensilios **vaso mezclador,
colador**

cubitos de hielo
5 medidas de **sake
infusionado con pepino**
3 medidas de **ginebra**
1 medida de **curaçao**
rodajas de pepino
para decorar

Ponga unos cuantos cubitos de hielo en un vaso mezclador, añada el sake, la ginebra y el curaçao y remueva hasta que se enfríen completamente.

Cuele la bebida en 2 copas de cóctel enfriadas, decore con unas rodajas de pepino y sirva.

Para preparar un Sake-tini, vierta 5 medidas de sake, 2 medidas de vodka y 1 medida de curaçao naranja en un vaso mezclador. Mezcle bien y sirva la bebida en 2 copas de cóctel enfriadas.

reconfortantes bebidas invernales

rusty nail

para preparar **2**
copas o vasos **2 vasos bajos**

cubitos de hielo
3 medidas de **whisky escocés**
2 medidas de **Drambuie**

Llene 2 vasos bajos con cubitos de hielo.

Vierta el whisky y el Drambuie encima del hielo y sirva.

Para preparar un Whisky Mac, que es una estupenda y estimulante bebida para los días fríos, combine la misma cantidad de whisky escocés y de vino de jengibre. Sírvalo con hielo, si lo desea.

mexican marshmallow mocha

para preparar **2**
copas o vasos **2 vasos
 de ponche**

4 cucharaditas de **cacao
 en polvo** y unas cuantas
 más para decorar
2 medidas de **licor de café
 Kahlúa**
7 medidas de **café
 de cafetera caliente**
nubes de azúcar mini
nata montada

Ponga 2 cucharaditas de cacao en polvo en cada vaso
de ponche, añada el Kahlúa y el café y remueva hasta
que se mezclen.

Ponga las nubes de azúcar en los vasos y cúbralas con la nata
montada. Decore con polvo de cacao y sirva.

Para preparar un café irlandés, caliente los vasos de
ponche y añada 1 cucharadita de azúcar y 1 medida
de whisky irlandés en cada vaso. Llene $^2/_3$ de los vasos
con café de cafetera caliente y remueva hasta que el azúcar
se disuelva. Cubra con el doble nata ligeramente montada,
vertiéndola en la parte posterior de una cuchara fría.
Decore con gránulos de café, si lo desea.

early night

para preparar **2**
copas o vasos **2 vasos**
   de ponche

2 cucharaditas de **jugo de limón**
2 medidas de **miel líquida**
2 medidas de **whisky**
4 medidas de **agua hirviendo**
2 medidas de **vino de jengibre**
rodajas de limón para decorar

Ponga el jugo de limón y la miel en 2 vasos de ponche y remueva bien. Añada el whisky sin dejar de remover. Agregue el agua hirviendo removiendo y, a continuación, el vino de jengibre.

Decore cada vaso con unas rodajas de limón. Sírvalo inmediatamente y tómelo caliente.

Para preparar un Aberdeen Angus, caliente 1 medida de Drambuie, póngalo en un cazo pequeño y flambéelo. Cuando las llamas se apaguen, viértalo en una jarra que contenga 1 medida de whisky escocés, 1 cucharadita de miel líquida y 2 cucharaditas de jugo de lima y remueva bien.

pudding cocktail

para preparar **2**
copas o vasos **2 copas
de cóctel**
utensilios **coctelera, colador**

2 medidas de **Calvados**
3 medidas de **brandy**
2 **yemas de huevo**
2 cucharaditas de **azúcar
blanquilla**
canela molida para decorar

Ponga el Calvados, el brandy, las yemas de huevo y el azúcar blanquilla en una coctelera con unos cuantos cubitos de hielo y agítela hasta que se mezclen bien.

Cuele la bebida en unas copas de cóctel enfriadas. Encienda una vela larga, sosténgala sobre cada copa y espolvoree canela molida a través de la llama por encima de la superficie del cóctel.

Para preparar un Apple Posset, una tradicional bebida campestre inglesa, caliente 500 ml de zumo de manzana en un cazo. Mientras tanto, ponga 2 medidas de Calvados y 1 cucharadita de azúcar moreno en dos vasos. Reparta el zumo de manzana en los vasos, añada una rama de canela en cada vaso y remueva.

glögg

para **15-20 personas**
copas o vasos **tazas pequeñas
o vasos de vino refractarios**

2 botellas de **vino tinto seco**,
  o 1 botella de **vino tinto**
  y 1 botella de **oporto
  o madeira**
la cáscara de 1 **naranja**
20 **vainas de cardamomo**
  ligeramente machacadas
2 **ramas de canela**
20 **clavos de olor** enteros
175 g de **almendras
  escaldadas**
250 g de **uvas pasas**
250-375 g de **azúcar
  en terrones**
300 ml de **aquavit
  o brandy**

Ponga el vino, o el vino con el oporto o el madeira, en un cazo. Meta la corteza de naranja y las especias en una bolsita de muselina e introdúzcala en el cazo. Añada las almendras y las uvas pasas. Caliente por debajo del punto de ebullición durante 25 minutos; vaya removiendo de tanto en tanto.

Coloque una rejilla metálica sobre el cazo y ponga encima los terrones de azúcar. Caliente el aquavit o el brandy y viértalo por encima de los terrones hasta que estén bien embebidos. Flambéelos: se derretirán a través de la rejilla y se mezclarán con el vino en el cazo.

Remueva el glögg y retire la bolsita con las especias. Añada unas uvas pasas y unas almendras en cada taza y sirva caliente.

Para preparar un Glühwein para 6 personas, inserte 8 clavos de olor en un limón y póngalo en un cazo junto con 1 botella de vino blanco, 125 g de azúcar y 2 ramas de canela. Deje que todos los ingredientes se cuezan suavemente a fuego lento durante 10 minutos; a continuación reduzca el fuego y añada 150 ml de brandy. Cuele el cóctel y sírvalo en jarras o en vasos refractarios con unas rodajas de limón.

flaming lamborghini

para preparar **2**
copas o vasos **2 copas**
  de cóctel calentadas
utensilios **pajitas**

2 medidas de **licor de café**
  Kahlúa
2 medidas de **Sambuca**
2 medidas de **crema irlandesa**
  Bailey's
2 medidas de **curaçao azul**

Vierta el Kahlúa en 2 copas de cóctel calentadas. Vierta suavemente en cada copa ½ medida de Sambuca con la ayuda de la parte posterior de una cuchara de manera que se forme una capa encima.

Vierta el Bailey's y el curaçao azul en unos vasos de chupito. A continuación ponga el Sambuca restante en un vaso de vino calentado, flambéelo con cuidado y viértalo cuidadosamente en las copas de cóctel.

Vierta el Bailey's y el curaçao al mismo tiempo en las copas de cóctel flambeadas. Sirva con pajitas.

Para preparar un Flat Liner, vierta ¾ de medida de tequila dorado en un vaso de chupito. Rocíe con unas 4 gotas de Tabasco por encima y añada ¾ de medida de Sambuca.

combinados
ricos y cremosos

white russian

para preparar **2**
copas o vasos **2 vasos bajos**
utensilios **coctelera, colador**

12 **cubitos de hielo picados**
2 medidas de **vodka**
2 medidas de **Tía María**
2 medidas de **leche entera
    o nata**

Ponga en una coctelera la mitad del hielo picado, y el hielo picado restante en 2 vasos bajos.

Añada el vodka, el Tía María y la leche o nata en la coctelera y agítela hasta que se forme escarcha en la parte de fuera.

Cuele el cóctel en los vasos con hielo y sirva.

Para preparar un Black Russian, un cóctel con un rico aroma a café, ponga 2 medidas de vodka en un vaso bajo lleno de hielo, añada 1 medida de Kahlúa y remueva. Decore con un bastoncillo de chocolate, si lo desea.

tiki treat

para preparar **2**
copas o vasos **2 copas
hurricane**
utensilios **licuadora, pajitas**

hielo picado
1 **mango** maduro pelado
  y deshuesado, y unas cuantas
  rodajas para decorar
6 **trozos de coco**
2 medidas de **crema de coco**
4 medidas de **ron viejo**
2 chorritos de **jugo de limón**
2 cucharaditas de **azúcar
  blanquilla**

Ponga una pala pequeña de hielo picado junto con el resto
de los ingredientes en una licuadora y bata hasta que la mezcla
adquiera una consistencia homogénea.

Vierta el cóctel en 2 copas hurricane, decórelas
con unas rodajas de mango y sírvalas con pajitas largas.

Para preparar un Serenade, ponga en una licuadora
2 medidas de ron blanco, 1 medida de Amaretto di Saronno,
1 medida de crema de coco y 4 medidas de zumo de piña
con un poco de hielo, y bata hasta que se mezclen. Vierta
el cóctel en 2 vasos altos con hielo.

lobster on south beach

para preparar **2**
copas o vasos **2 vasos altos**
utensilios **licuadora**

2 medidas de **ron blanco**
2 medidas de **ron de coco**
2 medidas de **puré de mango**
4 medidas de **zumo**
   de mandarina
   (natural si es posible)
2 medidas de **crema de coco**
8 **trozos de piña**
hielo picado

para la **decoración**
hojas de piña
rodajas de mango

Ponga en una licuadora el ron blanco, el ron de coco, el puré de mango, el zumo de mandarina, la crema de coco y los trozos de piña con un poco de hielo picado y bata.

Vierta el cóctel en 2 vasos altos grandes, decórelos con unas hojas de piña y unas rodajas de mango y sírvalo.

Para preparar una Piña Colada, un cóctel famoso en el mundo entero creado por un barman de Puerto Rico en 1957, ponga en una coctelera 2 medidas de ron blanco, 4 medidas de crema de coco y 4 medidas de zumo de piña. Agite ligeramente, cuele el cóctel en 2 vasos altos, decórelos con una rodaja de naranja y sírvalos.

after dark crush

para preparar **2**
copas o vasos **2 vasos altos**
utensilios **pajitas, palillos
de cóctel**

hielo picado
4 medidas de **ron de Barbados**
1 medida de **Koko Kanu
(ron de coco)**
1 medida de **sirope de vainilla**
2 medidas de **crema de coco**
agua de soda
cerezas marrasquinas
para decorar

Llene 2 vasos altos con hielo picado y añada, uno a uno
y en orden, el ron de Barbados, el ron de coco, el sirope
de vainilla y la crema de coco.

Remueva la mezcla y agregue agua de soda hasta llenar los
vasos. Añada más hielo, decore con unas cerezas y sirva con
pajitas largas.

Para preparar un El Dorado, ponga en una coctelera
2 medidas de ron blanco, 2 medidas de advocaat
y 2 medidas de crema de cacao blanca con abundante
hielo. Agite bien y cuele la bebida en 2 copas de cóctel
enfriadas. Para servirlo, decore las copas espolvoreándolas
con coco rallado.

berlin blonde

para preparar **2**
copas o vasos **2 copas
de cóctel enfriadas**
utensilios **coctelera, colador,
palillos de cóctel**

2 medidas de **ron negro**
2 medidas de **Cointreau**
2 medidas de **nata**
cubitos de hielo

para la **decoración**
canela molida
cerezas marrasquinas

Vierta el ron, el Cointreau y la nata en una coctelera,
añada 8-10 cubitos de hielo y agítela bien.

Haga un doble colado y vierta la bebida en 2 copas
de cóctel enfriadas. Decore cada copa con unas cerezas,
espolvoréela con canela molida y sirva.

Para preparar un Absolut Wonder, humedezca el borde
de 2 copas de cóctel enfriadas y presiónelo sobre chocolate
a la taza en polvo para escarcharlo. Agite en una coctelera
6 medidas de vodka Absolut Vanilla con 2 medidas de
licor de chocolate blanco. Cuele el cóctel en las copas
y coloque una cereza en cada copa.

north pole

para preparar **2**
copas o vasos **2 copas
de cóctel**
utensilios **coctelera**

2 medidas de **ginebra**
1 medida de **jugo de limón**
1 medida de **licor
de marrasquino**
2 **claras de huevo**
cubitos de hielo

Ponga la ginebra, el jugo de limón, el licor de marrasquino y las claras de huevo en una coctelera, añada 8-10 cubitos de hielo y agítela bien.

Cuele la bebida en 2 copas de cóctel y sírvala.

Para preparar un Crossbow, humedezca el borde de 2 copas de cóctel enfriadas y presiónelo sobre chocolate a la taza en polvo para escarcharlo. Agite en una coctelera 1 medida de ginebra, 1 medida de crema de cacao y 1 medida de Cointreau con abundante hielo y vierta el cóctel en las copas enfriadas.

zoom

para preparar **2**
copas o vasos **2 vasos bajos**
utensilios **coctelera, colador**

cubitos de hielo
4 medidas de **whisky escocés**
2 cucharaditas de **miel líquida**
2 medidas de **agua fría**
2 medidas de **nata líquida**

Ponga 8-10 cubitos de hielo en una coctelera, añada el whisky, la miel, el agua fría y la nata, y agítela bien.

Cuele el cóctel en 2 vasos bajos y sírvalo inmediatamente.

Para preparar un Silky Pin, llene 2 vasos bajos con hielo y añada 1 medida de whisky escocés y 1 medida de Drambuie en cada vaso. Remueva y sirva.

silk stocking

para preparar **2**
copas o vasos **2 copas**
   de cóctel enfriadas
utensilios **coctelera, colador**

chocolate a la taza en polvo
1 ½ medida de **tequila**
1 ½ medida de **crema**
   de cacao blanca
7 medidas de **nata líquida**
4 cucharaditas de **granadina**
cubitos de hielo

Humedezca el borde de 2 copas de cóctel enfriadas y presiónelo sobre chocolate a la taza en polvo para escarcharlo.

Vierta en una coctelera el tequila, la crema de cacao, la nata y la granadina, y añada 8-10 cubitos de hielo. Agítela vigorosamente durante 10 segundos y cuele el cóctel en las copas de cóctel enfriadas.

Para preparar un Sombrero, haga un Silk Stocking pero sin la granadina. Decore con un poco de nuez moscada rallada antes de servir.

mexican bulldog

para preparar **2**
copas o vasos **2 vasos altos**

cubitos de hielo
1 ½ medida de **tequila**
1 ½ medida de **licor**
  de café Kahlúa
2 ½ medidas de **nata líquida**
7 medidas de **cola**
chocolate a la taza en polvo
  para decorar

Ponga 4-6 cubitos de hielo en 2 vasos altos. Vierta encima el tequila, el Kahlúa y la nata, y añada cola hasta llenar el vaso.

Remueva suavemente, espolvoree con chocolate a la taza en polvo y sirva.

Para preparar un Brave Bull, que es un cóctel muy potente, llene un vaso bajo con cubitos de hielo y añada la misma cantidad de tequila y de Kahlúa.

alexander baby

para preparar **2
copas o vasos 2 copas
 de cóctel enfriadas**
utensilios **coctelera, colador**

8-10 **cubitos de hielo**
4 medidas de **ron negro**
2 medidas de **crema de cacao**
1 medida de **nata**
nuez moscada rallada

Ponga los cubitos de hielo en una coctelera y añada el ron, la crema de cacao y la nata.

Agite la coctelera y cuele la bebida en 2 copas de cóctel enfriadas. Espolvoree cada copa con un poco de nuez moscada rallada y sirva.

Para preparar un Frostbite, agite en una coctelera 2 medidas de tequila, 2 medidas de nata, 2 medidas de crema de cacao y 1 medida de crema de menta con abundante hielo. Cuele la bebida en 2 copas de cóctel enfriadas y decore con chocolate a la taza en polvo.

jaffa

para preparar **2**
copas o vasos **2 copas**
  de cóctel enfriadas
utensilios **coctelera, colador**

cubitos de hielo
2 medidas de **brandy**
2 medidas de **crema**
  de cacao negra
1 medida de **Mandarine**
  Napoléon
4 chorritos de **bitter de naranja**
virutas de chocolate
  aromatizado a la naranja
  para decorar

Llene una coctelera con cubitos de hielo hasta la mitad. Añada el resto de los ingredientes y agite la coctelera hasta que se forme escarcha en la parte de fuera.

Cuele la bebida en 2 copas de cóctel enfriadas, decore con virutas de chocolate aromatizado a la naranja y sirva.

Para preparar un Brandy Alexander, un cóctel dulce y cremoso para tomar después de la cena, agite en una coctelera 2 medidas de brandy, 2 medidas de crema de cacao negra y 2 medidas de nata líquida. Cuele la bebida en unas copas de cóctel enfriadas y decore con escamas de chocolate.

x-rated milkshake

para preparar **2**
copas o vasos **2 copas hurricane**
utensilios **licuadora**

2 medidas de **licor de avellanas Frangelico**
2 medidas de **crema irlandesa Bailey's**
2 medidas de **nata líquida**
2 medidas de **crema de cacao negra**
1 medida de **miel líquida**
8 **fresas**
1 **plátano** pequeño
hielo picado
2 medidas de **salsa de chocolate** para decorar

Ponga en una licuadora el Frangelico, el Bailey's, la nata, la crema de cacao, la miel, las fresas y el plátano con hielo picado y bata hasta que la mezcla adquiera una consistencia homogénea.

Decore el interior de 2 copas hurricane grandes con salsa de chocolate y vierta el cóctel en las copas.

Para preparar un Toblerone, reduzca la cantidad de miel a 2 cucharaditas y no incluya las fresas y el plátano. Bata todos los ingredientes en una licuadora y sirva el cóctel decorado con virutas de chocolate.

grasshopper

para preparar **2**
copas o vasos **2 copas
 de cóctel**
utensilios **cuchara de bar**

2 medidas de **crema de cacao**
2 medidas de **crema de menta**
ramitas de menta para decorar

Vierta la crema de cacao en 2 copas de cóctel.

Utilizando la parte posterior de una cuchara de bar, vierta la crema de menta encima de la crema de cacao de modo que forme una capa separada. Decore con unas ramitas de menta y sirva.

Para preparar un Banshee, que de hecho es un batido de plátano con alcohol, agite en una coctelera 2 medidas de crema de cacao, 2 medidas de crema de plátano y 2 medidas de nata líquida con abundante hielo picado, y cuele la bebida en 2 copas de cóctel enfriadas.

chupitos
sensacionales

poppy

para preparar **2**
copas o vasos **2 vasos
de chupito**
utensilios **coctelera, colador**

cubitos de hielo
1 ½ medidas de **vodka**
2 chorritos de **Chambord**
2 cucharaditas de **puré de piña**

Ponga unos cuantos cubitos de hielo en una coctelera, añada el vodka, el Chambord y el puré de piña y agítelo todo brevemente.

Cuele el cóctel en 2 vasos de chupito y sirva.

Para preparar un Absinthe Minded, mezcle en una coctelera 2 medidas de absenta, un chorrito generoso de jugo de limón y otro de Chambord con abundante hielo. Agite brevemente y cuele el cóctel en un vaso de chupito enfriado.

lemon drop

para preparar **2**
copas o vasos **2 vasos
de chupito**
utensilios **coctelera, colador**

cubitos de hielo
1 ½ medidas de **vodka
de limón**
1 ½ medidas de **Limoncello**
1 chorrito de **jugo de limón**
1 chorrito de **licor de lima**

Ponga unos cuantos cubitos de hielo en una coctelera,
añada el vodka de limón, el Limoncello, el jugo de limón
y el licor de lima y agite brevemente.

Cuele el cóctel en 2 vasos de chupito y sirva.

Para preparar un Legal High, otro chupito con notas
cítricas, maje con la mano de mortero 2 cuartos de pomelo
junto con un chorrito generoso de Amaretto di Saronno
en una coctelera; añada 2 medidas de vodka de cáñamo
y abundante hielo. Agite brevemente y cuele el cóctel
en 2 vasos de chupito.

mint zing ting

para preparar **2**
copas o vasos **2 vasos**
  de chupito enfriados
utensilios **mano de mortero,**
  coctelera, colador

2 **cuartos de lima**
4 **hojas de menta**
2 chorritos de **sirope de azúcar**
2 medidas de **vodka**
  aromatizado con manzana
cubitos de hielo
tiras de pepino para decorar

Con la mano de mortero, maje en una coctelera los cuartos de lima, la menta y el sirope de azúcar, y añada el vodka y unos cuantos cubitos de hielo. Agite brevemente.

Cuele el cóctel en 2 vasos de chupito enfriados, decore con tiras de pepino y sirva.

Para preparar un Strawberry Fields, otro chupito afrutado, maje con la mano de mortero 2 cuartos de lima junto con un chorrito generoso de sirope de fresa y 2 fresas sin las hojas en una coctelera. Añada 2 medidas de vodka de grosella negra y un poco de hielo, agite la coctelera y cuele el cóctel en un vaso de chupito.

spiced berry

para preparar **2**
copas o vasos **2 vasos**
 de chupito enfriados
utensilios **coctelera, colador**

cubitos de hielo
2 medidas de **ron especiado**
 Morgan
2 chorritos de **jugo de lima**
2 chorritos de **puré**
 de frambuesas
2 chorritos de **sirope de azúcar**
frambuesas para decorar

Ponga unos cuantos cubitos de hielo en una coctelera,
vierta el ron, el jugo de lima, el puré de frambuesas
y el sirope de azúcar encima del hielo y agite brevemente.

Cuele el cóctel en 2 vasos de chupito enfriados, decore
con unas frambuesas y sirva.

Para preparar un Little Last, una fantástica mezcla
de ginebra, lima y frambuesa, exprima el jugo de media
lima en una coctelera y añada 1 medida de ginebra,
un chorrito generoso de Chambord y otro de sirope
de azúcar, y abundante hielo. Agite la coctelera
brevemente y cuele el cóctel en 2 vasos de chupito.

tequila slammer

para preparar **2**
copas o vasos **2 vasos
de chupito**

2 medidas de **tequila dorado**
2 medidas de **champán
o cava** frío

Vierta el tequila en 2 vasos de chupito. Añada lentamente el champán frío hasta llenar los vasos.

Cubra la parte superior del vaso con la palma de la mano para que no se salga su contenido. Agarre el vaso fuertemente con los dedos, levántelo y golpéelo enérgicamente sobre una superficie para que la bebida se vuelva espumosa. Bébaselo rápidamente de un solo trago a fin de que no pierda su efervescencia.

Para preparar un Raft, otro Slammer, combine 2 medidas de vodka con 2 medidas de agua tónica de limón. Vierta el cóctel en unos vasos de chupito, cubra el vaso con la mano y golpéelo sobre una superficie 3 veces. Bébaselo mientras conserva su efervescencia.

passion spawn

para preparar **2**
copas o vasos **2 vasos**
 de chupito enfriados
utensilios **coctelera, colador**

cubitos de hielo
2 medidas de **tequila plateado**
2 chorritos de **Triple Seco**
2 chorritos de **jugo de lima**
2 **frutas de la pasión**

Ponga unos cuantos cubitos de hielo en una coctelera, añada el tequila, el Triple Seco y el jugo de lima y agite bien.

Cuele el cóctel en 2 vasos de chupito enfriados. Corte la fruta de la pasión por la mitad y exprima la pulpa en los vasos antes de servir.

Para preparar un Raspberry Beret, vierta ½ medida de crema de cacao en cada vaso de chupito y, a continuación, 1 medida de tequila dorado de modo que forme una capa encima de la crema de cacao. Coloque cuidadosamente una frambuesa de manera que quede flotando entre el tequila y la crema de cacao.

fireball

para preparar **2**
copas o vasos **2 vasos de chupito**
utensilios **cuchara de bar**

1 medida de **absenta**
1 medida de **kümmel** helado
1 medida de **Goldschlager**

Vierta la mitad de la absenta en cada vaso. Con la ayuda de la parte posterior de una cuchara de bar, vierta lentamente el kümmel encima de la absenta de modo que forme una capa.

Vierta el Goldschlager de la misma manera encima del kümmel para que quede como una capa flotante y sirva.

Para preparar un Money Shot, vierta 1 medida de Jagermeister en cada vaso de chupito y 1 medida de licor de menta que forme una capa encima.

brain haemorrhage

para preparar **2**
copas o vasos **2 vasos
de chupito enfriados**
utensilios **cuchara de bar**

2 medidas de **schnapps
de melocotón**
2 chorritos de **crema
irlandesa Bailey's**
6 gotas de **granadina**

Vierta el schnapps en 2 vasos de chupito enfriados.

Con la ayuda de la parte posterior de una cuchara, vierta lentamente el Bailey's encima del schnapps de modo que forme una capa. Vierta con delicadeza las gotas de granadina encima del Bailey's; poco a poco atravesarán esta capa y caerán en el fondo del vaso.

Para preparar un Slippery Nipple, vierta 1 medida de Sambuca en cada vaso de chupito y ½ medida de Bailey's que forme una capa encima.

b-52

para preparar **2**
copas o vasos **2 vasos**
   de chupito
utensilios **cuchara de bar**

1 medida de **licor de café**
   Kahlúa
1 medida de **crema**
   irlandesa Bailey's
1 medida de **Grand Marnier**

Vierta el Kahlúa en 2 vasos de chupito.

Con la ayuda de la parte posterior de una cuchara, vierta lentamente el Bailey's encima del Kahlúa de modo que se forme una capa. Vierta el Grand Marnier de la misma manera encima del Bailey's para que quede una capa flotante.

Para preparar un B-4-12, un popular chupito en capas, sustituya el Kahlúa por Amaretto y el Grand Marnier por vodka de grosella negra.

cowgirl

para preparar **2**
copas o vasos **2 vasos
de chupito**
utensilios **cuchara de bar**

2 medidas de **schnapps
de melocotón** frío
1 medida de **crema
irlandesa Bailey's**
cuartos de melocotón

Vierta el schnapps frío en 2 vasos de chupito y, con la ayuda de la parte posterior de una cuchara, vierta lentamente el Bailey's de modo que se forme una capa encima.

Coloque un cuarto de melocotón en el borde de cada vaso para comerlo después de beber el chupito.

Para preparar un Cowboy, sustituya el schnapps de melocotón por schnapps de butterscotch y sírvalo sin los cuartos de melocotón.

226

papa g

para preparar **2**
copas o vasos **2 vasos
de chupito**
utensilios **coctelera, colador**

cubitos de hielo
2 medidas de **Amaretto
di Saronno**
2 chorritos de **jugo de limón**
2 chorritos de **sirope de azúcar**
2 gotas de **Angostura amarga**

Ponga unos cuantos cubitos de hielo en una coctelera, añada el resto de los ingredientes y agite la coctelera brevemente.

Cuele el cóctel en 2 vasos de chupito y sirva.

Para preparar un Kamikaze, mezcle en una coctelera 2 medidas de vodka, 2 medidas de Cointreau y 1 medida de jugo de limón con abundante hielo. Agite la coctelera brevemente y cuele el cóctel en 2 vasos de chupito.

dash love

para preparar **2**
copas o vasos **2 vasos
de chupito**
utensilios **cuchara de bar**

4 cucharaditas de **crema
de cacao clara**
1 ½ medida de **tequila** frío
4-6 gotas de **puré
de frambuesas**

Vierta la crema de cacao en 2 vasos de chupito.

Con la ayuda de la parte posterior de una cuchara de bar, vierta lentamente el tequila enfriado encima de la crema de cacao de modo que se forme una capa. Vierta con cuidado las gotas de puré de frambuesas en la superficie del líquido; primero irán hacia el fondo y después quedarán flotando en la mitad del vaso.

Para preparar un Tequila Shot, que algunos dicen que es la única forma correcta de beber tequila, vierta 1 medida de tequila dorado en un vaso de chupito, lama una pizca de sal en el dorso de la mano, bébase el Tequila Shot de un trago y a continuación muerda un cuarto de limón.

fifth avenue

para preparar **2**
copas o vasos **2 vasos
de chupito**
utensilios **cuchara de bar**

4 medidas de **crema
de cacao marrón**
2 medidas de **brandy
de albaricoque**
2 medidas de **nata líquida**

Vierta la crema de cacao en 2 vasos de chupito
de paredes rectas.

Con la ayuda de la parte posterior de una cuchara, vierta
lentamente el brandy de albaricoque encima de la crema
de cacao de modo que se forme una capa. Vierta la nata
líquida de la misma manera encima del brandy de albaricoque
para que quede una capa flotante.

Para preparar un Angel's Kiss, vierta los ingredientes
con una cuchara de bar de la misma manera y en forma
de capas: vierta primero ½ medida de crema de cacao,
a continuación ½ medida de brandy y, por último, un poco
de doble nata ligeramente montada.

deaf knees

para preparar **2**
copas o vasos **2 vasos
  de chupito**
utensilios **cuchara de bar**

1 medida de **schnapps
  de chocolate**
1 medida de **crema de menta**
1 medida de **Grand Marnier**

Vierta el schnapps de chocolate en 2 vasos de chupito.

Con la parte posterior de una cuchara de bar, vierta
lentamente la crema de menta encima del schnapps
de modo que forme una capa.

Vierta el Grand Marnier de la misma manera encima
de la crema de menta para que quede una capa flotante.

Para preparar un Pillow Talk, vierta ½ medida de vodka
de fresa frío en cada vaso de chupito; a continuación vierta
½ medida de licor de chocolate blanco Mozart formando
una capa encima y corone con un chorro de nata montada
en spray.

índice

237

239

agradecimientos

Editores ejecutivos: Katy Denny/Jo Lethaby
Editora jefe: Charlotte Macey
Directora artística ejecutiva: Penny Stock
Diseñador: Cobalt
Fotógrafo: Stephen Conroy
Estilista de bebidas: Federico Riezzo
Estilista de atrezzo: Liz Hippisley

Fotografías especiales: © Octopus Publishing
Group Limited / Stephen Conroy
Otras fotografías: © Octopus Publishing Group
Limited 23, 186; /William Lingwood 102, 112,
116, 142, 204, 212; /Neil Marsh 74; /Lis Parsons
8, 13, 94, 106; /William Reavell 170; /William
Shaw 76; Simon Smith 11; /Ian Wallace 48, 80,
122, 150, 162, 166, 188, 198